窺破天機論斗數

林信銘 著

紫微斗數進階讀本

【序文】

坊間市場中，台灣、香港、大陸出版的紫微斗數書籍大約有一〇〇〇多本，光是台灣地區出版的紫微斗數，從網路上搜尋就有四百多本之多，但是能眞正寫出斗數推命術的卻寥寥無幾，也可以說是根本沒有。有些大師大言不慚的自命師承鬼谷子（即王詡老祖）、諸葛亮、陳希夷、甚至劉伯温，自稱手上擁有的版本，是別人所沒有的祖師爺獨特口訣與祕笈（傳），旁人就算想學也難以登堂入室，一窺神祕究竟。

這簡直是荒謬極了！大師們居然不知斗數與八字，都是遠在一千年前的宋朝才被創造出來，而斗數直到明清朝代才由道觀的修道士予以普及化，因此這些號稱爲不傳之祕笈的斗數，更不是五術界古聖先賢的著作。

而自認爲擁有祖傳祕笈或者是 Cable 上的大師，往往吹牛不打草稿，青菜講講，常講一些顚倒是非，模擬兩可的觀念，經常無端造謠，甚至鐵口直斷，往往唬的無知百姓是非莫辨。例如某人當選總統或行政院長，就在Cable上膨漲吹噓，牽強附會地說，就是因爲他家的祖墳、陽宅如何又如何?才能庇蔭後代子孫，青雲直上、出將入相。

又如二〇二〇年的總統大選，某個很喜歡在Cable上亮相吹噓的大師，大膽說某個人將會大贏六十萬票，開票結果此人反倒輸了二百多萬票，事後記者問他此事，這位烏龍大師立馬改口說，他只是預測而已。猜中了就自鳴得意大談其識破天機，猜錯了就說是預測烏龍一場罷了?這位大師變色龍似的謊言，顯然的凸顯出自己是井蛙語海(自不量力之意)。

不過，也不要替他們担心，這些大師們都練有銅筋鐵骨的神功，自有兵來將擋、水來土掩、四兩撥千金的本事，且自以爲「天文地理，無一不通;三教九流，無所不曉。」因此，常恃才自傲，任何人都不放在他眼裡，甚至爲了互別苗頭，勾心鬥角，或以打擊、撻伐對方，來托大自己才是真正的武林高手，更誇張的是，這些人競相以收取高額的費用，來證明自己的功力是多麼的厲害，別人是望塵不及半分的，這種「仙拚仙，拚死猴齊天」，與政客沒有什麼兩樣，實不足取矣！

所以，只要社會上有什麼風吹草動的，就爭先恐後大言不慚，信口雌黃，講的口沫橫飛、嘴角全波，煞有其事似的。縱然一但預言、判斷失靈，馬上啞口無言，不是含糊其詞，撇清關係，就是轉移焦點，或乾脆閉口不談，逃之夭夭，要不然就是瞎掰一些奇怪的理由來搪塞，臉皮厚的連機關槍都打不破，這種自我生拉硬拽，力圖自圓其說，事後馬後砲的盲師，坊間多如過江之鯽，簡直是辱沒了五術界，讓人誤以爲命理學原來就是這副德性。這種怪現象，眞讓人啼笑皆非，倒不如看部武俠小說笑傲江湖，然後哈哈大笑去睡個好覺。

而這些命理混淆視聽，興風作浪的現象，根本無法透過時代的考驗予以證明，因此常被一些高級知識分子或科學研究者，斥爲怪力亂神、無稽之談，也難怪古往今來，命相卜行業都被歸入爲九流術士，命理五術淪落到如此，眞是遭踏老祖宗的智慧，也是命理學的悲哀啊！

Cable上大師們，多半是靠媒體烘托出來的，因此為了打響知名度，爭取顧客上門來，不惜語不驚人死不休的，大談一些江湖算命伎倆，危言聳聽於大眾，萬一瞎猫碰到死耗子，就打蛇隨棍上，自鳴得意的有如王詡（亦名王禪，鬼谷子也）祖師在世一般。筆者有許多客戶曾經找過Cable上的大師，算八字、斗數、風水、改運…等，據客戶輾轉得知，這些人專講一些五四三的事，要不然就推銷貔貅、聚寶盆、五帝錢啦…等。客戶花冤枉錢不但不能消災，更無法得到自己欲問該事的答案，而且製造出更多的麻煩事來，看倌們想想也知，一個人被騙一次，心中已經很嘔了，還可能傻傻的再去被騙第二次嗎？

命理學本是高度的預測學、未來學，在四庫全書經、史、子、集中的「子」部書中，有很清楚的記載，只要詳細閱讀即可清楚明白。筆者認識一些真正的高手、名師，無論是八字、紫微斗數、易經占卜、陰陽二宅…等，都是事前告知顧客如何去應變，絕對不會有事後諸葛亮的，而這些學有專精、才識豐富，心胸豁達大度，品德高尚的專家，做起事來嚴謹萬分、勇於負責，一絲不苟，做人則虛懷若谷，厚道忠恕，非常珍惜自己的羽毛，又怎麼會上電視台自毀聲譽呢？

一般學佛、學道之人，都知道「菩薩畏因，眾生畏果」，而命理學更牽涉到「因緣果報」、「緣起緣滅」的問題，大師們若不爲己廣積福德、多播種福田，也要爲後代子女著想，否則將來的業障是要自己的子女來扛啊，因此焉能不謹言慎行呼！龍樹菩薩《大智論》云：「世知種種無道法，與諸禽獸無異；當求正智要道法，得脫老死入涅盤。」

※命理學上的因果論，「因」是由當事者，所提供該獨立事項的原委，「果」則是命理師所推算出來的結論，至於其精確度如何，端視命理師是否有紮實的功夫而定。修道禪語：「欲知山下路，但問砍柴人。」

林註：斗數推演命例，必須要存有因、果的觀念，如果僅以歲限行運來推算命造者的成敗，而沒考慮該事項事前所種的「因」，若能精準論斷最後的「果」，恐怕不是一件容易的事。譬如與筆者相交二十年的一位老闆，開了多家公司，但每一家公司成立的時間點「因」都不一樣，因此每家公司的營運狀況及盈虧的「果」，自然迥然迴異。

至於坊間紫微斗數，有人將其分成北派與南派，還特別指出「北派」對星曜的賦性作用，研究得最爲透徹；至於「南派」亦稱「閩派」則著重於行運消長的轉移，在歲限運程的推演上，有獨樹一幟的見解。這大都是受到古書籍的影響，若硬要區分的話，也只有江南、江北之地域所流行的罷了！

其實，紫微斗數本身根本沒有什麼流派的，就只有源流考而已。明清時，叫做紫斗全書；唐宋時，斗數出自於「四庫全書」之道藏，這原本屬於道家修士最早、最齊全的斗數，民國四十七年賈景德先生的手抄版斗數，就來自於明正統道藏。

全書第一版古籍，於民國四十七年，由新竹竹林書局分上下冊發行出版的《陳希夷紫微斗數全書》，乃是明・嘉靖二十九年的版本。全集第一版，於民國五十六年，由新加坡中學校長周應揚先生，用手抄木刻版印刷發行。全集的第二版，於民國七十一年，由集文書局出版。當時的斗數學習者，大多以此書爲依歸，無人不人手一冊。

至於全集典籍，以清朝木刻版「新刊合併十八飛星策天紫微斗數全集」最古老也最具有參考價值，同治九年（一八七〇）由羊城青雲樓印行。此書分成兩個部分，前半部一、二卷有提到道藏之紫斗，名《十八飛星》或《十八飛星策天紫微斗數》；後半部三、四卷則講到全書，名《陳希夷紫微斗數全集》，兩書的作者爲同一人，就是「大宋扶搖子白雲先生陳希夷」。這兩套術數相類似的地方，仍然很多，但由於前半部不夠完整性，因此錯誤的地方相當多，必須要參考明正統道藏，才能予以校對。

另外民國五十八年，透派掌門人張耀文先生的大作《紫薇闡微評註》一書，把斗數全集改稱爲全書，並且把諸星擬爲封神榜人物的化身。如紫微星是周文王的兒子，代表正義；天機星是周武王的軍師・姜子牙，代表睿智機變；太陽星是紂王之忠臣・比干，代表忠肝義膽；貪狼星是妲己的化身，代表聲色犬馬…等。後來的斗數學習者，覺得這類比喻充滿著幻想，太過於牽強附會，有些文不對題，易誤導斗數學習者，所以從此就銷失的無影無蹤。

在台灣最古老的紫微斗數，就只有全書、全集這兩本書而已，其餘皆為偽作，由此可見什麼祖傳祕方，全都是如假包換的贗品。

全書，由「父母宮或兄弟宮」起大限，它的文藻較為優雅，有一定的知識水準，由於星類用的比較少，所以推論歲限行運，有一定的準確率，亦有人稱為「南派」。

全集，由「命宮」起大限，它的文筆略為粗陋，多了一些江湖味道，由於星類用的較為多而雜，所以推論歲限行運，比較博雜，亦有人稱為「北派」。

由於兩者命宮的起法不同，一差就是關係著十年的運勢，那麼究竟要採用哪本版本呢？孰是孰非，不必抬槓，一驗即知真假。根據筆者經年累月的研究、應證，發現以「父母宮或兄弟宮」起大限，推論行運起伏，其準確率實在太低了，包括筆者全家人的命盤在內，從來沒有正確過；而改用以「命宮」起大限，推論行運起伏，其精準性有90%是正確無誤的，所以坊間的老師皆採用此論法。至於紫微斗數的大限起運法，大略言之有四種：

其一、以五行局起運。

其二、以子平學的節氣起運。

其三、由命宮起運。

其四、不自命宮起運。由多年經驗得知，起運不依五行局是外行人，命宮不起大限，更是荒腔走板。

古籍文章大都詰屈聱牙，艱澀難讀，譬如骨髓賦云：「紫府同宮，終身福厚」、「日照雷門，榮華富貴」、「月朗天門，進爵封侯」、「天府天相乃爲衣祿之神，爲仕爲官定主亨通之兆」、「生來貧賤，劫空臨財福之鄉」、「苗而不秀，科星陷於凶鄉」…等。

又如諸星問答云：「紫微遇四煞、劫空沖破，定主僧道」、「太陽居田宅，得祖父蔭澤」、「天機天梁同宮，定做道與僧；女人若逢此，性巧必淫奔」、「廉貞加羊陀火鈴空劫，父母不周全」…等。

這些古賦文讀起來好像真的有那麼一回事！事實上，這些古籍資料幾乎都採用單星、單宮的套合論法，若不加以仔細思辨，不辨菽麥，猶如瞎子摸象。

古賦文多有「書不盡言，言不盡意」的缺點，筆者可以舉出幾千張的命例，指出以上的文章大都有誤導的嫌疑。蓋因斗數命盤除了有先天命局外，尚有掌管十年運程吉凶的大限，以及主管一年的流年運勢，倘若棄歲限行運於不顧，而一直在先天命局打轉，其準確率可想而知矣！

而且，古賦文經常釋放出錯誤的訊息，與犯了引導上方向的迷失。如果不下一番心血去考證、比對古籍文獻資料，單憑諸星與賦文的文章，照本宣科或憑個人有限的常識，去替人推論無限命運的窮通禍福，而不懂得「古書今用」的邏輯概念，那就會陷入斗數的迷宮裏，永遠只能敲桌邊鼓，跑龍套而已，無法進入斗數的核心殿堂，此時當事人只能自求多福了！

所以，不要老是死讀書、讀死書、書讀死、讀書死，要懂得變通，與時俱進，才不會誤人誤己。古人云：「順勢而導，乃智者之爲。」

斗數是一種整體性的祿命法，任何一個宮位都必須加上，外在三方諸宮和星曜一起衡量、探討才能一窺究竟，絕不能使用單一的宮位、單一的星曜來論述，否則便有「見樹不見林」的遺憾。可惜坊間習斗數者，大都採用單星、單宮以及四化星來替人算命，甚至還有些人，連諸星的陰陽、五行、曜度全都視而不見，就能窺破一個人命運的吉凶更替。

識者說，斗數星曜本身已具賦性作用，不必多此一舉，再賦予陰陽五行屬性，或者說五行只會用到星性的本質，而且也沒有諸星的廟旺利陷之別。關於這一點，筆者尊重每一個人的喜好意願，不過個人在實際案例的推命上所知，若諸星陰陽五行都不分，與男女不分有什麼差別，至於諸星的廟旺利陷之別，牽涉到星曜的性質與作用，以及力道強弱的重大差異性，又怎能不區分呢？經驗上所了解，一旦主星曜落陷，除了不能顯示它的正面功能外（即英雄無用武之地），反而會凸顯出負面的效果，捨棄諸星的廟旺利陷，一個人的成就高低，根本無法判斷。

至於「十八飛星策天紫微斗數全集」，有些人硬將它改為華山欽天十八飛星派，有所謂的欽天四化秘笈，慣用滿盤自化的「忌星追蹤法」，再配合諸星的性情相應，來推論歲限的運程。例如用夫妻宮的宮干飛出四化（叫自化），若祿星飛入父母宮，則代表一輩子會孝順父母親……等之類。

這種四化滿天飛的論調，所犯的錯誤，就是遊戲所導致的變化，蓋因命盤的天干其實只有五種不同配置，而十四顆主星只有十顆星曜會化忌，排除昌曲這兩顆副星，就只剩下八顆星曜。這種「忌星追蹤法」，其內涵空洞與欠缺正確的文史知識，更暴露出其邏輯思維的能力不足，曾有一陣子銷聲匿跡，這些年來又捲土重來，重出江湖，好像成為斗數的主流，至於其準確率如何，恐怕只有當事者才知道。莊子・人間世篇云：「仲尼曰：夫道不欲雜，雜則多，多則擾，擾則憂，憂而不救。」

斗數的老師滿街都是，每個人都認爲自己是百變金鋼，無所不能無所不知，甚至包山包海在替人推命。但就看你（妳）是擁有眞材實料的名師，還是一招半式闖江湖的跳樑小丑。俗話說：「先生緣主人福」，東家是否有機緣找到名師來指引盲點，那就得看自己有無福報了！故禪宗祖師云：「我眼本明，因師故瞎。」

斗數名家紫雲大師說，佛法屬於出世間法，針對不同的人禪示不同的解脫法門，但命理屬於世間法，談的是最現實的人間事，追逐的不外乎是名利兩種而已。因此，習命者必須熟悉世間相，乃是一定的道理，一個不入世的人，又焉能知世間事？所以與斗數星性、星情、宮位職事，相關的常識、知識必須要充實，如研習民俗、教育、宗教、農業、天文、地理、建築、測量、醫學、法律、科技、育樂、時代潮流…等。

江湖道上好修行，爲善爲惡，全繫於一念之間，要仔細幫人論命，唯有將這些必要的相關資訊充分結合，才能眞正解決斗數命理上的問題，也才能幫助正在徘徊迷途上的人。但如果一直以斗數爲業來替別人論命，是很難以走出一條康莊大道的，所以筆者一直致力於提升斗數論命的層次。也就是說，將斗數往更科學的方向走，譬如：住宅的傾向於如何維持家庭人倫關係、子女因材施教、人際關係的培養、亦或親子旅遊規劃……等，公司行號則用來做企業診斷、企劃、管理、徵才、行銷……等，無論是家庭或公司行號，筆者一向都使用此方法，且深受東家的好評。

筆者常告誡學生，醫師的醫術若不夠精湛，也才醫死一個人而已，而斗數推演的技術不夠純熟，輕者，左右一個人的婚姻、財運、投資、和行運；重者，會摧毀一個家庭或家族，這是在製造因果業障，不是真正在替人在推算命運，習斗數者焉能不深思之！

購買本書者即與筆者有緣，歡迎來電研究探討，但只做學術上的切磋，不涉及個人運勢的推命，本書若有疏漏之處，尚望斗數前輩海涵，不吝多與指教，則不甚感激。

林信銘　謹序於台北內湖寓所

二〇二三年　十　月

【目錄】

十二宮稱　導讀

紫微斗數命盤上所列的十二宮稱，沿襲自《果老星宮》這本古籍資料，不過其中有三個宮位的名稱，稍作了一些調整，如妻妾宮改為夫妻宮，男女宮改為子女宮，相貌宮改為父母宮，其餘宮位則一概不變。筆者研習命理學三十多年，深深覺得斗數十二宮稱的設計，堪稱是一項曠古絕今的偉大發明，是子平八字學和其他術數所欠缺和望塵莫及的。我們從科學、醫療、科技的研究報告資訊中所知，任何一門學術若分類越細微，其精確度必然會相對越高。斗數十二宮分門別類，將各種人事活動與行為歸納其中，這就是跨越命理學的範圍，就是向前邁進一大步。

斗數使用定宮法，基本上就是命理學上的一項突破，因古籍傳統的算命，多半沒有什麼明確的規劃。斗數十二宮稱，不論是先天、歲限全部都以逆時鐘來排盤，它所揭示的現象，包括：(1)命宮、(2)兄弟宮、(3)夫妻宮、(4)子女宮、(5)財帛宮、(6)

疾厄宮、(7)遷移宮、(8)奴僕宮、(9)官祿宮、(10)田宅宮、(11)福德宮、(12)父母宮等，此十二宮稱都有它固定的功用，不能等閒視之。

每個人的斗數命盤中，除了有先天的十二宮稱，尙有主宰十年大限行運的十二宮稱，以及主管流年運勢的十二宮稱。先天十二宮稱，有人稱之爲天盤，因屬於固定不變、不會動的，故謂之「靜盤」；大限十二宮稱，有人稱之爲地盤，會隨著每個大限在跑位（順時鐘或逆時鐘），因屬於不停在變動的，故謂之「動盤」；流年十二宮稱，有人稱之爲人盤，因每年都會移一宮，也屬於不斷在變動的，亦謂「動盤」。這種錯綜複雜的關係，簡直讓人眼花撩亂，而古籍卻不曾記載命與歲限的關係。

斗數命盤一經排出，必有先天、大限、流年的宮位，共計有三十六個十二宮稱，雖然名稱相同，但其所執掌的功能，卻完全不一樣，所以必須正確「定宮」釐清界線。如先天夫妻宮，用來尋覓婚配的適合對象；大限夫妻宮，用來看此去十年是否紅鸞星動，亦或婚後夫妻感情如何；流年夫妻宮，則用來觀察該年夫妻的相處是否和諧。

斗數採用「定宮」論命法，每一個宮位都可以當做命宮來看，而三合及對沖的宮位，雖然能聲氣相通，但也得必須要區分出，到底是直接還是間接的互相關係，也就是說，以誰是「主」，以誰爲「副」，這個重點觀念必須深植於心中，不可打馬虎眼。蓋因「定宮」錯誤，答案肯定相差十萬八千里，所以研習斗數者，必須要有能力將它細辨出來，算命才不至於偏離主題，顧客才會給你如雷掌聲，否則有如管中窺豹，根本無法替人推命，就算是偶而猜中，也是亂槍打鳥，無法修成正果。

由於行運所呈現的是階段性的波動，只要能掌握並加以運用，便能看清其中的消長關係。那麼，要如何辨別這三十六個十二宮稱，階段性的用法呢？道理其實很簡單，大致上的原則是這樣的：

其一、無論探討的事項是什麼，均以兩個命盤爲準。如欲推敲十年大限行運的興衰，因大限歸先天命管，只要將先天和大限兩個命盤的十二宮稱疊合，就可觀察出兩者之間的吉凶走向。

其二、探討流年運程時，因流年歸大限命管，只要對照大限命盤，參酌這兩個命盤的十二宮稱與星曜的變化即可，先天結構可以棄之不用。

林註：命盤中的星群組合，會反應此人的心理狀態，而在行運的過程中，有可能因內心忐忑不安，憂心忡忡，進而想改變某些攸關前程的事情，若不是想變更行業，就是想換新的工作，甚至更趨向於保守，裹足不前。

※所以，當在討論重大事項，如婚嫁、生子、改行、投資、創業、開刀、外派、置產：：等，此時必須重新回頭觀察一下，先天本命局的星群結構吉凶如何？這是個推命的重點，一點也馬虎不得。

其三、探討逐月吉凶時，因流月歸流年命管，所以只要與流年命盤同參即可，不用去管大限了。

其四、至於四化星的用法，亦如同上述所說。

也就是說，討論行運吉凶的祿命法，永遠只論二十四個十二宮稱，才能釐清這層複雜關係，這叫做「命運分離」、「活盤推論」的邏輯概念。倘若無法依此概念來做區分，一直硬將命格與歲運兩者綁在一起，那將掉入盤絲洞的蜘蛛網裡，始終無法掙脫出巢穴，更不用說能掌握到什麼蛛絲馬跡的。

簡單扼要的說，推論斗數行運時，有一點要特別注意，就是屬於固定不變的靜盤，基本上毫無任何的作用，只有會變動的歲限動盤，才會顯示出行運時的軌跡，吉凶悔吝也就從此區分出來。換句話說，先天的星宮格局和歲限的星宮組合，除了討論重大事件之外，兩者是沒有直接關連的。

命盤一攤開，首先必須要觀察的，是命也(先天)、運也(大限)、歲也(流年)的，大概來龍去脈關係。但是，推演命例則必須反過來論，即時也(流年)、運也(大限)、命也(先天)，三者之間盤根錯節的關係，以及互相牽制的情形。也就是說，原則上在推演命盤時，先天的命格它並不重要，一個人大好大壞的命運轉折，要看變化多端的大限，與流年才是關鍵所在。

林註：

(1)、十二宮稱所彰顯的是多元性的功能，並非指單項用法而已，系用來劃分人生事態，所以必須依據不同的人事物來申論，亦即「因人而異」，這一點非常重要，就如同風水學，必須「因地制宜」才是正確無誤的觀念。

如官祿宮，學生則看考運及唸哪所學校較爲適性，和求學時期的功課成績如何？上班族則看哪種行業較爲適合自己的興趣，與何時可以加官晉爵？商人則看經營什麼樣的生意，才能大發利市，財源滾滾而來…等。

又如先天夫妻宮的作用，是用來看我的阿娜答在哪裡，要從何處(方向)去尋覓，以及邂逅之後是否能春風得意玉門關。

而行運中的夫妻宮作用，則是用來觀察婚期大約在何時，或結婚後的感情如何？尤其是女命，在論及婚嫁大事時，就必須與遷移、田宅這二個宮位一起合參，才是正確的推論，絕對不是單看夫妻宮，就能起作用。

又如要把錢借給他人週轉或賺利息，必須留意福德宮與僕役宮，要是這二個宮位歲限忌煞交加雙破，就會變成劉備借荊州，有借無還了。

(2)、先天命局，只是一種觀念性的，雖可影響一個人的思維與判斷。但是後天行運，則是遭遇和選擇，會受到當時的社會環境，和家庭因素的影響至鉅，這種邏輯概念不可不知。

※大體而言，推演命盤首先要了解三件事的經歷過程：

1、**知命**：即「知足」，一個人必須要了解自己擁有的是什麼樣的資源，我們以「命格」二字來稱呼它。先天呱呱墜地出生的命格，三方諸宮屬於強旺者，出生有如一部賓士車、BMW、賓利…等名車；三方諸宮衰弱者，出生就像一般普通車。當然，從先天的命格上，亦可以辨別是文職顯貴，亦或武職榮身。一但了解命盤的區別性質所在，就此可以教育、培養出個人的喜歡與興趣，省得多跑一些冤枉路，進而走出一條康莊大道。正所謂：「條條道路通羅馬。」

2、認命：即認識歲限行運的軌跡，我們以「道路」一詞來做詮釋。每個十年的大限亦或流年，是一直在輪轉不停的跑位。因此，必須要去辨別歲限的運程，是呈現出拋物線的動盪，亦或海不揚波的平靜。例如命好運好，有如一部普通車，開在平坦的大道上，一路順風順水；若命好運劣，就算是一台名貴車，卻正開在充滿荊棘的道路上，沿途顛簸而行，驚險萬分。

3、造命：即「不知足」，才要跳脫命運的鎖鏈，我們稱之爲「方向盤」。蓋命運掌握在自己手上，要如何開車全在自己的決定。學斗數要懂得利用五行、顏色、數字…等這些來造命開運，才能海闊天空，開創屬於你(妳)自己的一片天空，這才是習斗數者的終極目的。也就是說，正因爲可以依照個人的意願，來選擇、創造屬於自己的未來，一個人若能充分掌握自己的人生，如此生命才會活的有尊嚴，生活也才具有意義。

(3)、十二宮稱所相對應宮位所坐的星曜，彼此相互影響的力量最大，如命宮與遷移宮、夫妻宮與官祿宮、財帛宮與福德宮…等，皆居於相對的宮位。所以在推演命盤時，首先必須了解本宮的星曜情性，其次再斟酌相對宮位的星曜情形，尤其是在本宮無正曜星時，若不參考對宮的星曜（非指借星喔），則無法推命。

古籍所載一些資料，不可諱言那是在封建制度的背景下，一個蘿蔔一個坑，無可奈何的宿命論。這些文獻資料所列條文，簡直嚇死人不償命似的，就算古人擁有三妻四妾，那也是不可能的事，更何況現代人普遍知識水準高，不用經過大腦思考，也知道那是瞎掰的。

例如在《十八飛星策天紫微斗數全集》卷五・「論身命十二宮吉凶星訣便覽」上，便有依諸星曜在各宮來判斷吉凶的文章，舉例說明如下：

一、命宮詩曰：「紫府日月為上貴，廉貞武巨同曲配。天機左右祿相梁，命裡相逢多富貴。羊陀殺破火鈴中，天使天傷地劫空。若是命宮居陷地，奔波夭折主貧窮。」

如紫微入廟，富貴雙全；落陷，平常之論，加煞僧道宜之。武曲入廟，志略多能，功名有份；加煞僧道風流。太陰主人聰秀慈祥，清閑雅儒，入廟富貴；陷地貧夭。火鈴廟旺，性剛不耐靜，讀書可貴；陷地貧賤，異母延生，僧道爲福……等。

二、兄弟宮詩曰：「紫府得地祿文和，府相同梁左右多。貪武火鈴連殺破，陷宮不必問羊陀。府相同梁兄弟和，陰陽左右祿文多。天機貪狼必不一，火鈴殺破路相過。」

如天府入廟主五人；加羊陀火鈴空劫，只二人。太陽廟旺有三人，陷地主剋不和，異居可也；加羊陀火鈴空劫，更剋減半。貪狼廟旺有三人，見羊陀火鈴空劫，主孤單、生離。七殺主孤剋，只有姊妹。天相有二三人，見煞全無……等。

三、夫妻宮詩曰：「紫府同梁左右和，祿文日月兩相宜。貪羊七殺皆三度，鈴武廉陀夫婦離。」

如天機男，宜年少剛強之妻，早婚，女夫宜年長；加羊陀火鈴空劫，主離婚。太陽廟旺男主妻多，宜晚婚；早娶相剋，遇耗非禮成婚。貪狼男女不得美，加煞三次作新郎(娘)，女主夫長，宜晚婚。巨門夫宜年長，加羊陀火鈴空劫定剋，主二妻。破軍男女俱剋，別娶主生離…等。

四、子女宮詩曰：「紫府同梁武曲多，廉貞左右配鳴珂。巨陽破殺傷頭子，祿存七殺一二柯。貪陽火鈴定遭傷，得此應知喜不常。機相少無臨後有，忌陀必定是外厢。」

如紫微廟旺，主三男二女；加羊陀火鈴空劫，只一雙。天機廟旺，二人或庶母生多，加羊陀火鈴空劫全無。太陽廟旺，男三女二人；加羊陀火鈴空劫，只有一子送終。武曲主一子，加羊陀火鈴空劫，絕嗣。七殺主一人，加羊陀火鈴空劫，全無；縱有，必生強橫敗家之子……等。

五、財帛宮詩曰：「紫府廉相祿滿倉，陰陽左右及貪狼。羊陀廉殺閑中有，機與火鈴空劫囊。」

如天梁入廟富足，上等富貴；陷宮，辛勤求財度日。太陰廟旺，富足倉箱；陷宮，成敗不一，終不聚財。文昌加吉星財氣旺；陷宮加煞，乃敗寒儒輩。火鈴廟旺，橫發橫敗；陷宮，孤寒度日……等。

六、疾厄宮詩曰：「紫府同昌左右無，羊陀七殺損肌膚。男女四煞休逢日，襁褓年來疾厄痛。」

如太陽太陰主頭痛寒濕之災；加羊陀化忌，主眼目有傷。天機生熱毒淫氣，襁褓多災；陷宮，主四肢目疾破相。廉貞襁褓災瘡，主腰足之疾。巨門主濃血之厄；加羊陀火鈴，主酒色之疾，加化忌唇舌有破及耳目之憂。七殺幼年多災主痔瘡、氣疾；加擎羊，主四肢傷殘……等。

七、遷移宮詩曰：「紫府同梁昌曲機，陰陽左右火鈴宜。廉貞巨武羊陀忌，破殺陷宮多是非。」

如紫微天府，出外貴人扶持發福；加羊陀火鈴空劫，在外不得安寧。廉貞出外通達，在家少；加羊陀併三方有凶煞，死於外道。破軍廟旺，在外崢嶸，多勞心不寧；加羊陀火鈴，巧藝奔馳他鄉。祿存出外衣祿遂心；會羊陀火鈴空劫，與人多寡合……等。

八、奴僕宮詩曰：「紫府同機左右存，昌曲日月破軍群。羊陀火鈴忌逢殺，廉巨難和後必榮。」

如紫微天府廟旺，有得力助手生財；加空劫，招怨逃走。太陽太陰廟旺，得力成行發財；加羊陀火鈴，主奴背主。七殺武曲，主有剛強之僕，但亦招奴怨，背主盜財。左輔旺相，一呼百諾，加羊陀火鈴空劫化忌，背主難招。右弼得力成行，加羊陀火鈴空劫化忌，背主盜財而走……等。

九、官祿宮詩曰：「「紫府同梁共昌曲，陰陽貞祿武職強。武廉破巨擎羊殺，左右合沖武職良。」

如紫微廟旺，遇六吉星，位至封侯伯。太陽廟旺，遇六吉星，更加科祿權，定居一品之貴。武曲廟旺，與昌曲左右同宮，武職崢嶸，常人發福，會科祿權爲財賦之官。貪狼廟旺遇火鈴，武職掌大權。擎羊陀羅加吉星，亦主虛名而已……等。

十、田宅宮詩曰：「紫府廉貞巨祿昌，火鈴日月與機梁。羊陀先破後才發，武相同居左右良。」

如紫微廟旺，主田園茂盛；加羊陀火鈴空劫，有來有去。太陽廟旺，主得祖業；陷宮，逢羊陀火鈴空劫，全無田產。天同能自置田產，與太陰廟旺同宮，主大富；加羊陀火鈴空劫化忌，全無田產。羊陀火鈴，先無後有；加空劫全無……等。

十一、福德宮詩曰：「紫府同梁左右昌，羊陀旺地落他鄉。武貪巨破廉機殺，火鈴陰陽陷地忙。」

如天機先勞後逸，與巨門同宮，勞力欠安；加羊陀火鈴空劫，奔走不得寧靜。七殺廟旺享福；陷宮，加羊陀火鈴，勞心費力，女人單居福德，必爲娼婢。文昌文曲廟旺，加吉享福快樂；陷宮，遇羊陀火鈴空劫，心身俱不得安寧⋯等。

十二、父母宮詩曰：「紫府陰陽文曲昌，貪狼左右少刑傷。機月陀刃貞重拜，火鈴武破殺早亡。」

如天梁陷宮，加羊陀火鈴，孤剋棄祖入贅，更名寄人保養。七殺剋祖離宗，六親骨肉孤獨；加羊陀火鈴空劫，父母不周全。左輔右弼，見羊陀火鈴，刑傷退祖，二姓延生。火鈴星孤剋，二姓延生，入贅過房⋯等。

這些洋洋大觀的口訣算法，顯示古人按圖索驥，以蠡測海的宿命觀念，完全沒有告知推演方法，非常不切實際。在現代人看來，絕對是匪夷所思，荒腔走板，因爲違背了科學的方法，我們確定無人會相信。

因此法完全以星曜作爲考量而已，端視吉星所到之處皆靈，凶星所到之處皆惡，至於該命造者是什麼格局，則視而不見，一概不論，如此缺乏全盤考慮，斷章取義的最大弊端，就是易引人誤入歧途，無法自拔。

一、命宮

一 命宮

命宮，亦稱之爲命局、命造，居命盤之首，猶如一個人的頭部，是思想、念頭、決策、計畫、行動，發號司令的地方，也代表自己的心態、和能力，以及意志力所能到達的範圍。簡單說，命宮就是全盤的主腦，也可說是潛能的總站，對於其他宮位，如財帛宮、遷移宮、官祿宮的種種互動關係和作爲，皆由命宮的意志心態來做發號施令。換而言之，它的作用就是指揮全盤，可說是斗數命理推測最重要的樞紐位置。說明白一點，命宮三方的組合格局決定了一切，如結不結婚、離不離婚，要不要生小孩，當個上班族好呢，還是創業好呢？要去哪裡度假，買不買房子，又要買在哪個區域呢？……等等這些問題，不管歲限運程如何，全由命宮來主宰一切。

從命宮的格局中，可看出一個人的個性、智慧、相貌、能力、動機、名利、財富、觀念及精神狀態，為心理情緒反應的控制中心，會一直支配著後天行為的待人處事特質與心態。如前總統陳水扁先生，最近頻頻走鋼索、踩紅線、出扁鑽，無視於法務部的警告，一直想挑戰中監的言論尺度，更不斷透過新勇哥物語 Line，頻頻放話爆料政壇某些事，目的無非是想主導政權，可是這麼一瞎攪和，使的一些政治人物心裏忐忑不安，憂心自己會成為批判的主角，這不僅造成別人的困擾，也為自己增加許多麻煩，這就是性格決定一切，與歲限行運無涉。以至他所成立的一邊一國政黨，在二〇二〇年的立委選舉全軍覆沒，最後不得不宣佈從此退出政壇，保外就醫的阿扁，應該專心調養身體，又何苦來惹塵埃呢！

根據佛教的說法：「個人的行為，決定個人的命運」，這一定律就叫做「業」，或稱「因果律」，其力是無遠弗屆的。又云：「修行十大願要處處留心，不要自築城牆，要學圓滿境界，無限的心胸。」

換句話說，一個人的性格會反映在思想觀念與行為模式上，自然影響此人的選擇和判斷，這就是命運的基本性質。如宮內星曜(含雙星同宮及星宮理論)五行內戰，多半會形成一個人雙重的性格，不僅心猿意馬，耐性不足，更是脾氣古怪。表現在事業上，則是少恒一志，心存五日京兆，多喜標新立異的怪異行業。譬如七殺星在辰宮坐命，那麼此人的性格、思維模式、人生觀…等，都會被七殺的星性所左右，若能瞭解七殺星曜的性質，將可掌握此人的個性、心態、和思考邏輯方式、甚至處理事情的方法，進而可以加以控制。

原則上，把命宮三方諸星，當做掌握此人的心理狀態，則隱約可以觀察出一個人的思考模式，這點倒是眞的。如命宮星群單純，且無忌煞沖擊，表示此命造者心性平和，思考方式簡單明瞭，凡事處之泰然；倘若命宮星群複雜，又遭遇忌煞交沖，表示內心浮動，想法複雜，心性變化很大，常坐立難安，譬如太活潑好動的小孩，以現代社會而言，稱之爲過動兒，讓學校與家長頭痛不已。

不過，斗數是整體性的祿命程式，外在三方諸宮坐守的星曜，猶如「鐵三角」

一般，且都能充分感應命宮，也有配合、調整或干擾命宮的作用，因此不能等閒視之。如七殺星坐命，貪狼星必在財帛宮，廉貞、天府星必在遷移宮，破軍星必在官祿宮，均須三方一併仔細參酌。

命宮，代表一個人內心潛藏的因素，而從外面三方會照（沖）進來的，則易受到外境的影響。外在環境乃爲命宮三方的附屬，與命宮息息攸關，兩者是無法切割的。如命宮星曜弱（或無主星），三方宮位星曜強，就會被外在環境牽著鼻子走。又如三方星曜格局不佳者，有可能會時運不濟，易流離失所，凡事總是徒勞無功；若三方星曜強旺者，肯定能摧枯拉朽，披荊斬棘，嶄露頭角，是個典型「時代創造英雄」的風雲人物。

論命首重格局，一是先看該宮星曜是成何格局，二是觀察四化星所落宮位。若能依此模式操作，基本上一個人命運的轉折，自然就有跡可尋。因爲格局是命局的大輪廓，這點在斗數論命時，切不可忽略或打馬虎眼，輕描淡寫帶過。蓋因成格的命造，本就具有特殊的潛在能量，與瞬間的爆發力，加逢歲限行運吉利，不論從事任何行業，容易鶴立雞群，名揚四海，光宗耀祖。

命宮星曜的結構太強者（五顆以上），大都喜歡從事商業販賣，但不一定就會大放異采，榮華富貴，唾手可得（也得要看歲限行運如何）。蓋因剛者，易折易碎，若再會沖煞星進來，有如火上加油一般，易造成性格暴戾，處事態度也較激烈，以至一生顛沛流離，受盡命運的戲弄。

而且命格太剛悍，大多帶有一些「孤剋」的特性，不是忤逆父母，就是手足不睦，甚至兄弟鬩牆，或者夫妻反目，也會有婆媳不和的徵兆。（能否功成名遂，必須要斟酌歲限，方能判別成敗。）

反之，命宮星曜的組合柔弱者（少於三顆），多主慾望不高，也沒有成格應有的氣魄，故無法成就一番大事。蓋因柔者，易衰易滅，自主能力不強，扛不起重責大任，故難以成為大企業的老闆，就算是朝九晚五的上班族，也是優柔寡斷，更不想擔任要職，一心只想息事寧人，平安過太平日子。

一個命造者，三方宮位雖能沒有成格，並不等於沒有成就可言，頂多是成就較低而已，但總有一種「人在屋簷下，不得不低頭」的無奈感。不過，卻有另一特色，在歲限運程行吉運時，是有可能突然哪一天（年）心血來潮時，就會勤勉不倦努力用功讀書，或日以繼夜打拚事業，也想追求功名利祿。

至於其它的十一宮位，則稱之爲「局」，如財帛局、官祿局、遷移局、福德局…等。相對於命宮，各局猶如人體的四肢百骸，雖各司其職，但在推論命盤時，每個宮位（或局），都可當做是一個獨立單位來討論的。

簡單扼要的說，將每一個宮位（或局），都當做是獨立的「命宮」來看待，再邀三方諸宮、諸星一起探討各宮位（局）的趨利避害。這十一宮位雖各具特質和功能，但和命宮都有綿密的互動，以及不可分割的關係，唯有把十一宮位和命宮合參併論，才是完整性的祿命方式，否則凡事未經思索就下結論，無異於盲人摸象，有失客觀公正性。

命宮的各種情況大約分析如下：

(1)、由於命宮出現的宮支不同，宮內的星曜也各自不同，所以每個人的命運當然不同。不過，單從命宮所在的位置，並不能決定一個人的禍福消長，它只能顯示出的特色，就是最初的本質而已，屬於「顯性的特徵」。因此，尚需要其他條件來配合，尤其以對宮的遷移宮爲最強，事業宮、財帛宮則次之。

(2)、命宮搭配地支的陰陽五行，會有較深一層的變化。天生的領導者，必須命宮要有主星曜坐守，且曜度要強，三方結構輔助亦要強，才不會凸顯出負面作用。

(3)、命宮表示生命的本質，宮內的星曜，可以顯示一個人的天賦本性。如命宮三方無煞星來衝擊之人，大都選擇明哲保身，無心改變現狀，換句話說，由於戰鬥力不足，所以一輩子只想過悠哉悠哉的生活。

(4)、歲限行運的命宮，代表一個人當下的「心理狀態」與「性格」特質，因此自然會產生某些局部的變化與修正作用。也就是說，歲限化祿或化忌星入命，會改變此時期的思維模式。

如化忌星入命，由於忌星有失控、挫折、干擾的作用，所以會影響自己的判斷力，凡事猶疑不決，一直在原地踏步，甚至有自我封閉的傾向，而放棄某些東西，但也不致於肇致什麼禍端來。

又如化祿星入命，由於祿星具有穩定、暢通的作用，因此凡事信心十足，此時的自我改變或調整心態處事，較能產生吉祥正面的效果。

(5)、判斷一生適合之行業及成敗如何？要由自己的命格類型上去推敲。命格類型的確是，決定一個人特有「性格」和「能力」的最大因素。而且將會強烈表現在一個人，所從事行業後的處事風格、方法、手腕與能力，再參攷官祿宮及財帛宮格局如何?命書云：「有格先論格，無格論財、官。」(歲限的命格同論)。

(6)、命格太剛悍者，多主「孤剋」，易忤逆父母，手足不睦或兄弟鬩牆。尤其是命格太高的女性，大多有主「孤」的誘因，總覺有高處不勝寒的缺憾，表示在六親緣份方面，可能不是很理想，婚後亦有夫妻反目、婆媳不和的現象。

(7)、命宮的三方被忌煞星沖破，古書稱之爲「破格」，意思是成中有敗，凡事將在巔峰中突然急轉直下。事實上，成格的命局若不會照到一、二顆煞星，就欠缺冒險犯難的豪氣干雲，只凸顯示出這是孤高的命而已，難以擔當重責大任，想成就大事，簡直天方夜譚。

林註：「孤」的程度由煞星來決定，一組半（三顆）以內還好，謂之孤高，超過二組半（四顆以上）則變成孤剋。一但壓力太大時，不僅傷害自己（如酗酒、吸毒、鬪毆、飆車），也刑剋別人（如倒債、詐欺、恐嚇），搞得親友雞飛狗跳，故不能等閒視之。

(8)、若先天命格柔弱，又遭煞星來沖，身心受到戕害很大，因倍受到外界的困擾。

久而久之，就形成本質上一股深沉、內斂的性格，待人處事上，易陷於錯亂，常有一種糾纏不清的情緒，盤旋於腦中。

(9)、命宮所坐十八正曜主星強旺，三方加逢七吉星者，在思攷上多能深謀遠慮，不會草率行動。反應在命格上的正面作用，就是一生易得貴人幫助，反應在事業上，較能得到貴人的提拔與協助。

反之，若是七煞星全彰，不僅凸顯出命局的負面作用，在性格上與人際關係方面，也會有不利的影響，蓋因主觀意識強烈，剛愎自用，易造成獨特的行事風格，因此往往會做出錯誤的決策，與不近人情的條款。且平時多與人寡合，所以難得有知音朋友，反應在職場上，頗難以同事和諧相處。這種人，通常都以不利經商論，即使經商也不利與人合夥，這種人最好單槍匹馬，成立個人工作室，亦或學習一技之長，以技術服務取勝爲宜。

(10)、命宮和遷移宮成格又強旺，並加逢七吉星者，顯示一生易得貴人提拔，容易平步青雲。反之，兩者皆不成格，就算蒙貴人賞識提拔，卻因自己能力不足，凡事力不從心，難有良好的表現，而辜負了貴人的保薦。

另一種是命局成格，三方加會吉星，而遷移宮坐魁、鉞之一星，或被魁、鉞星所夾輔於旺宮(即主星曜度強)。亦或左輔、右弼和天魁、天鉞之一星坐命宮，這種人雖一生比較有機緣，得到貴人的提拔和幫助，但若無祿星來拱托，大都是名大於利，貴大於富，求財較爲遲緩，也就是說，先求有名氣，再祈望財運跟著來。如作家、歌星、醫師、藝術家、彫刻家、影劇界、科學家…等，一但名聲透京城，財源即滾滾而來。哈利波特的作者，就是最好的榜樣。

原則上來說，吉星夾輔有力，意味著先天上即有助力，一生命運較爲順暢，到處倍受呵護，讓人羨慕不已。

(11)、論幼年階段時期的命運，如第一大限的命格不佳，三方又遭遇太多的忌煞星侵入，通常健康狀況會比較差，從小毛病特別多，也比較不好帶養，俗云：「歹腰飼」，讓父母親日夜担心不已。

(12)、倘若命宮被空劫夾、火鈴夾、羊陀夾或忌煞夾，則主幼年受盡苦頭，動輒得咎，被叱責的機率多，也代表此命造者在人生的旅途中，處處充滿著荊棘，阻礙重重，或空有一身才華卻無人賞識，必須靠自己忍辱負重，艱苦奮鬥，才能饘粥餬口。

林註：

(1)、「羊陀夾命」，多主腹背受敵，進退兩難，因此心理是封閉的，一生常飽受壓力與虛驚，凡事大都瞻前顧後，畏首畏尾的，無法邁開大步，什麼都不驚向前行，故難以大鳴大放。

(2)、被夾的宮位，猶如處於壓縮的狀態，強烈感受到的是心理受到掣肘，多半有苦難言，感覺前途茫無頭緒，這種負面意識一但呈現出來，就會弄得神經兮兮，常爲日常生活瑣事，搞得心緒不寧，雞飛狗跳的，若處理不妥當，就易罹患憂鬱症矣！

(3)、若忌星入命宮（含行運），通常代表此命造者，易產生性格行為上的變化，如吹毛求疵，愛鑽牛角尖，甚至有排他性行為。但是，如果能夠順這個一絲不苟的特長來發揮，反而能在研究或創意上，找到重大的突破，也就是說，把缺點反變成優點。

二、兄弟宮

二 兄弟宮

斗數十二宮中並無設置姐妹宮，因此命盤將它與兄弟宮並列在同宮，尤其是現代社會女性亦有個人相當的傑出表現，故改稱兄弟姐妹宮，亦不為過。兄弟宮，不止看旁系血親，斗數界一般都用本宮，來看兄弟姐妹與我的親情關係，以及緣分厚薄而已！不過，個人認為兄弟宮的用途，不僅如此而已，也應該包括朋友的情誼關係在內，因兄弟與朋友是平行的，理當以同輩來看待才對，俗話不是說：「四海之內皆兄弟」嗎？

心理學上說，一個人這一生人格的形成，受到家庭的影響最大，而人格的良劣，往往決定一個人一輩子，將會扮演什麼樣的角色，具有相當重大的影響作用。所以兄弟宮的吉凶，有時也會對己身的一生命運，造成某種程度的影響作用。

俗諺云：「兄弟本是同根生」，所以兄弟之間本就應該互助友愛，雖然這是傳統習俗的倫理道德，即使在現今社會，這種觀念其實也沒有多大改變。原則上而言，如本宮格局優，主緣濃情深；格局劣，則情緣淺薄。由於同胞具有個別差異性，欲探討雙方的互動情況，則必須輸入兄弟每個人的條件，立馬可瞧出兩者之間的端倪如何？蓋因輸入不同的個別條件，答案自然也不會一樣，誰對自己手足情深，坦誠相見？又誰對自己虛與委蛇，假意敷衍呢？雙方的互動關係，完全一目了然。

兄弟宮的對宮爲僕役宮，包含著「同心協力，守望相助」的人際關係，亦即具有某種支援性質。也就是說，兄弟、僕役這兩宮，彼此之間有連帶的作用，故要一起合參，因爲你(妳)可能沒有兄弟姐妹，但在人際關係上，我們不可能不與志同道合的對象往來。俗語云：「交友以自大其身」，說的好聽一點，就是交上一個有能力、智慧、關係的朋友，正好助我自大其身；說的不好聽，就是「四兩撥千斤，借力使力」，以朋友的力量來壯大自己的聲勢。

兄弟宮的各種情況大約分析如下：

(1)、兄弟宮屬於六親宮位，在法律上的術語，稱之爲旁系血親，雖然與自己血緣關係濃郁，但還是屬於在他人的自由意志範疇內。斗數宮位將父母宮、兄弟宮、子女宮，等三個宮位，統稱之爲六親宮位。以自己命盤的兄弟宮而言，並不能替兄弟決定某件事或選擇什麼，故非命理所能觸及範圍。

(2)、至於六親宮位，絕不會與命宮沖合，它自成另一個系統。簡而言之，在命盤中會照入命宮的星群組合，絕對不會照入兄弟、父母、子女宮。反之，會照入兄弟、父母、子女宮的星群組合，也不會照入命宮。

(3)、因此，想從兄弟宮的星群組合，來探討或判別他們的休咎榮辱，其困難度是很高的，這正是所謂「程式的不可能」。也就是說，六親的榮枯，既無法正確獲知其內容（條件），自然無法有效，而且與自己行運也無關，所以也無須去掌握。易言之，六親宮位的吉凶悔吝，在斗數的理則中，被歸類在屬於無法推算的範疇之內，這一點無庸置疑。

(4)、個人命運的走勢吉凶如何，必須依據自己的命盤來推敲，任何人都不能越狙代庖，俗語說：「樹大分枝，個人公媽各人拜」。命理雖然不是一種很嚴謹的科學統計學，卻能隱約看己身的人生經歷，但無法逾越己身以外的事，俗諺云：「各人造業各人擔」。

(5)、有些人以此宮來推測母親，或岳父之間的互動關係，至於應驗度如何，讀者不仿拿自己的命盤去去驗證一番，不就知道答案了嗎？

(6)、大致上來說，祿星入兄弟宮，此命造者本人，大都會想盡辦法去助兄弟成事發財，等於把好處都給他們，即使兄弟作奸犯科，也不顧忌別人異樣的眼光，力挺到底。反之，忌星入兄弟宮，三方諸宮佈滿煞星，叫做兄弟敗財，就算是被兄弟一再扯後腿、拖累、拖跨，只要能力所及，也會基於手足情深，而不予於計較。

三、夫妻宮（感情宮「合婚」祕訣）

三 夫妻宮（感情宮「合婚」祕訣）

夫妻宮的作用，大致上是用來觀察婚姻的狀況，如婚前的擇偶，婚後的夫妻心理，及婚姻是否調適…等。若以傳統的生活習慣而言，包括婚姻基礎是否穩固、幸福，以及配偶的窮通禍福，甚至會不會有刑剋（生老病死）…等，都在命理推算的範疇內。

※男女情侶在甜蜜交往階段，尚且未論及婚嫁時，稱之為感情宮，一旦步入禮堂結成夫妻，此時謂之夫妻宮，這點可要分清楚。

自古以來男女婚姻的制度和觀念，不只因時代背景不同而有些差異，有些也會因受地域、禮教、習俗或宗教信仰不同的束縛。以現代社會而言，雖然每個人對婚姻都有自主權，可充分依照自己的意願、興趣、志向去尋找理想的終身伴侶。夫妻宮的重點在於，對感情的處理方法與態度，這才是決定婚姻成敗得失的最大因素。到底是夫唱婦隨，情意綿綿、直到白頭偕老呢？亦或情海生波，中途勞燕分飛呢？

在現今快速變遷的工商社會，特別是在科技界與服務業的年輕男女，每天忙碌工作十幾個小時，累得精疲力盡，常拖著沉重的腳步回家，所以每逢休假日就倒頭呼呼大睡，趕緊補充睡眠一下，又哪有額外的時間交朋友呢？可是隨著年紀越來越大，眼看青春年華難再，心中不免焦慮萬分，忐忑不安。因此，全省傳說中專管婚姻的月下老人廟（也叫媒神），經常吸引大批海內外的痴男怨女來祭拜，寄託月老千里姻緣一線牽，但願有情人終成眷屬。

夫妻關係，看似一男一女的事，並不怎麼複雜，實際上卻沒有那麼簡單，感情的事只有當事人清楚，往往剪不斷理還亂，俗諺云：「床頭打、床尾和」。別人根本無法理解置喙的，所以千萬不要搶當和事老，否則公親變事主，無事也會沾惹一身腥，簡直倒楣透頂，自古以來就有所謂「清官難斷家務事」的說法，就是針對夫妻關係而言。

尤其是，台灣目前不管已婚、未婚的，很多有婚姻上的困擾和波折，不免使人懷疑究竟現有的婚姻制度，到底出現了什麼問題？婚姻一旦發生觸礁，以現代的「張老師」、「生命線」、「基督教協談中心」…等，婚姻的協調、復原教室，也未必能提出什麼好建言。當一個命理老師，要想替這些怨偶解決問題，除了要精通命理外，也要通達人情世故和法律規章，更需要融入當今社會的理念、趨勢，才能爲悒悒不樂的夫妻、以及未婚的孤男寡女排憂解難，並指引出一條光明大道。

斗數設置的夫妻宮，是可憑自由意志充分來抉擇的，如親友介紹、媒婆相親、自由戀愛、旅遊中認識…等，並非一定是天生註定的。也有些老師說女人無命，但看夫星（夫妻宮也），夫妻宮有破綻，便沒有個好歸宿，果眞是如此嗎？那可不一定，得看個人的選擇。

夫妻宮無主星曜（空宮）之人，對於婚姻欠缺承擔力，婚前不敢主動追求對象，婚後更無心積極經營夫妻關係。

觀察夫妻宮最好與命宮、福德宮一起合參，則大約可以推敲婚姻的情況，至於何時可完成終身大事，還得配合行運的四化星有無牽引，方知分曉。

夫妻宮的對宮爲官祿宮，夫妻宮代表感情（愛情），官祿宮，代表經濟（麵包），基於日常生活生計的關係，也是齊家的道理，兩者應該取得互相平衡才是。易言之，表示夫妻必須分工合作，同甘共苦，有難同當，有福同享，共同維持家庭經濟，才會有你儂我儂的甜蜜感情。

識者說，針對女命而言，婚姻的成敗，首重夫妻宮與子女宮。不過，現代社會女強人俯拾皆是，此說尚有待商確。

先天夫妻宮，也有些人認爲是翁、婆的所在地，以此來推測公公，或婆婆，是否對這個命造者有所幫助，此說是否屬實，讀者看自己的命盤，立馬可以解惑。

林註：

(1)、「先天」的夫妻宮，以擇偶推論爲首要目的，大致是用來看內心的本質，和男女之情和婚姻方面的一種潛意識婚姻觀，所帶動的行爲，其最大功能在於茫茫的人海中，可看出和我類型的阿娜答在哪裡？

如該宮爲「機月同梁」的組合，喜歡的對象大多是職業穩定，朝九晚五的上班族。由於夫妻宮星群較爲穩定，先天上比較嚮往安和樂利的家居生活，只要理想對象一出現，多半會考慮在適婚年齡成家。若夫妻宮見煞星多，又遭忌星沖射，無論哪一種組合，均不宜早婚。

(2)、如爲「殺破狼」的組合，則情繫於在動蕩不安環境中，野心勃勃求生存的實業家，更喜歡在商場的交際中，出雙入對，來肯定自己的才華。

(3)、若夫妻宮爲「殺破狼」加煞，就像在波濤洶湧中行舟，使其本質更爲波動不安，通常有晚發的跡象，且對婚姻的支配慾必強，如太早步入禮堂，恐會影響事業的發展，此時婚姻極易成爲包袱。

例如：日以繼夜，奮鬥不懈，打拚事業，一旦飛黃騰達，擁有社會地位名聲，將會發現和另一半，在出入頻繁的交際應酬中，似乎有些不太相襯，有種黃臉婆實在帶不出場的感覺，此後就獨自參加社交活動，這時難免家庭勃谿時起，紛擾不斷，因此以遲婚爲宜。

(4)、至於「後天」的夫妻宮，則以婚姻態度爲探討重點，除了用來觀察婚姻在行運中的得失興衰？更是用來推敲行運中，環境對婚姻是否會受到哪些風吹草動的影響。蓋因「後天」的夫妻宮，是在不經意時偶遇的，因此易受外在環境的左右。如雙方的父母、兄弟姐妹、親朋好友、左鄰右舍、同事之間的閒言閒語⋯⋯等。

但無論先天、後天的夫妻宮，一但被干擾，就會重新檢討婚姻的得失。如閨房畫眉之樂，一定要看先天夫妻宮的情況，然後再斟酌大限夫妻宮的感應。

夫妻宮的各種情況大約分析如下：

(1)、代表一個人在婚姻方面的一種「意識型態」和「特質」。因此，夫妻宮有某種「類型」(即組合格局)傾向之人，在選擇對象時，通常會有傾向於那種「類型」的心態出現。

(2)、可看擇偶心態(即夫妻心理)，這個心態也就是命造者的期望條件，若三方會照吉星愈多，主擇偶的條件愈高，在熱戀時多沉醉在羅曼蒂克的氛圍中，更喜歡享受愛情所帶來的甜蜜與溫馨，雖有早婚跡象可尋，卻也是個寧缺勿濫型之人。若三方忌煞沖剋，造成內心動蕩不安，除了對婚姻不抱持樂觀的態度外，家庭倫理觀念也較爲淡薄。此時的擇偶心態，多隨便、粗心，不是錯失良機，就是對配偶有特殊的要求，因此很難決定終身大事，最好以晚婚爲宜。

(3)、除了看處理(表達)感情的能力，也是觀察婚姻基礎鞏固與否、調適是否得宜的重點。亦可看出本人在潛意識中的愛情觀，以及喜歡何類型的異性，亦或傾向於早婚、遲婚、不婚呢！例如：命宮或夫妻宮的組合，若帶有凶格的人，就有可能一輩子，有不想結婚的意識傾向，俗諺云：「老姑婆」。

(4)、婚姻大事的得失，不能光看夫妻宮就決定一切，命宮的組合絕對具有舉足輕重地位。甚至於後天夫妻宮行運的吉凶如何？和結婚年限的吉凶如何？都要一併列入考慮，準確度才會提高。

如自己命盤先天命宮及夫妻宮的組合，刑剋交加嚴重，自然不是個好現象，若逢行運大限的夫妻宮，又遇諸煞星來沖，若說有二度婚姻，應該是己身的問題，麥牽拖在配偶身上。

(5)、行運中的大限夫妻宮，是一個論述終身大事的重點，它顯示出是否能吸引到異性，進而男婚女嫁，步入紅地毯的彼端。

如祿星入大限夫妻宮，將有增強姻緣的吉祥作用，感覺上婚姻能使得家庭充滿溫馨。對未婚者而言，是個天賜紅鸞星動的好機會，必能結交一個與自己興趣相同，妳濃我濃的異性知己；但對已婚者而言，則是個壞誘因，輕則讓人心蕩神馳，精神外遇，重則採取行動，男性有小三，女生紅杏出牆，倘若三方遇諸煞星沖射，凸顯出對第三者的心態，頂多存著玩弄性質而已。

因「化祿」星本身含有享受、慾望的成份。夫妻宮化祿，自然有情愛、結婚的慾望，若再加化科的點綴，會使化祿的效果更加明顯耀眼。如女命先天雙祿拱照夫妻宮，是「幫夫運」的最佳條件，通常擇偶的條件較高，卻也意味著婚姻基礎穩如盤石。(大限的祿星入官祿宮亦是。)

林註：

(1)、所謂的「結婚年限」吉凶，意指結婚那個流年的命宮和夫妻宮，三方宮位有否受到歲限的祿星或忌星來沖擊。原則上，祿星高照，屬於緣起好的開始，理想的夢中情人易現身，感情如膠似漆的甜蜜，自然吉祥萬分。

反之，忌星來沖，這正是壞的開始，會影響正常的抉擇力，此時千萬不能一見鍾情，因出現的對象大多是王二麻子，愛情始終不盡如意，感覺無奈萬分，當然結果可想而知（俗稱孽緣）。

(2)、所謂的「適婚年齡」期，究竟是指幾歲到幾歲，由於眾說紛紜，莫衷一是，故有釐清的必要。原則上，大限逆行走到夫妻宮，大限順行走到福德宮，此去十年間就是適婚時期。如水二局是22～31歲之間，木三局是23～32歲之間，金四局是24～33歲之間，土五局是25～34歲之間，火六局是26～35歲之間。

上述只是一般性的預測而已，將它當做婚期的參考即可，只要自認為理想的對象出現，雙方共敲出良辰吉日，就可以共結連理枝，命理無此硬性規定。

(6)、夫妻宮格局強過命宮的人，婚後大多由配偶掌權，支配家庭所有一切，但也暗示婚姻不能和諧、圓滿。反之，夫妻宮格局太弱則不吉，因配偶實在沒有辦法控制，或根本無權過問家中任何事項。這種太旺或太弱的情形，都是極端性的，結局當然不會太好。

如女命的夫妻宮格局旺過命宮，較有嫁雞隨雞，嫁狗隨狗的觀念，也有可能婚後辭去原有工作，與丈夫一起打拼共創事業，可說是一對正常的搭配。反之，就有牝雞司晨（凌夫），越俎代庖的現象，男命則反過來論，千萬別看走眼喔！

(7)、女命夫妻宮坐紫微、天相星，三方又遭煞星沖破，或坐紫微、破軍星的君臣不義之格，顯示會有所適非人、交友不慎、遇人不淑…等，導致禍起蕭牆，肇致禍端。以現代的解釋，引申為太太無法履行「相夫教子」四行（婦德、婦言、婦容、婦功，又謂之四德），也可進一步解釋為夫妻間，並無濃厚的親和力，若加煞星沖剋，婚姻前途，更是危機四伏。

(8)、夫妻宮坐紫微、天府星，若無左輔、右弼之一顆星來拱照，乃為典型「孤君」的寫照，大多堅持己見，冥頑不靈，這種人勸他（她）也沒用。因很明顯的表示孤與剋，甚至有中年剋夫（妻）的徵兆，也暗示此婚姻有「多娶（嫁）」現象。

(9)、夫妻宮沒有主星，夫妻宮的「田宅宮」也無主星，暗示找到的對象，能讓她付出感情的男人，多半是離鄉背井的出外人，也暗示配偶是在旅遊、出差、聚會…

等，外出場所時認識的。

(10)、斗數星曜中最具有妒意、醋罈子的「榜首」，第一名是最會干擾、破壞的化忌星；「榜眼」是第二名的巨門星，多出之以口，常口無擇言，嘮叨不休的累死對方；「探花」是第三名的陀羅星，表面上不動聲色，卻妒嫉在心裡。

(11)、夫妻宮最怕形成「火陰」、「昌貪」、「鈴昌陀武」等凶格，以及桃花水星盤踞，多因浪漫桃花新聞的負面作用，而危及婚姻生活。以及妻宮結構不佳，又會照「孤辰」、「寡宿」兩顆神煞星時，此二星就會產生負面的破壞力。

(12)、夫妻宮最喜被天魁、天鉞二星所夾，好比貴人就在身邊，隨時隨地都會來幫忙。無論好事壞事，往往有兩人或兩種以上的貴人相助。

林註：

八字自古列有「合婚」祕訣，依據的是男女雙方的喜忌神互補，和夫妻宮（日支）的合沖，使用五行生剋制化與干支之間的關係，來觀察兩造婚配的得失。而斗數合婚採用宮位和星曜的性質、星情來觀察兩造的合婚，只要知道命宮、夫妻宮及其三方諸星組合格局即可，比八字更簡單明瞭。

(1)、男、女二人「命宮」的星群組合，都屬於同一組系列的，如此在性格上、思維上、人生觀與待人處事方式，比較會趨向一致性。如雙方都是同一組的「機月同梁」格，或「巨日」格。因磁場相吸，不僅個性接近、喜好也相同，尤其是戀愛中的情侶，特別有來電的感覺，怎麼看就怎麼順眼，大有相見恨晚的遺憾。

其一、就男命而言，其「夫妻宮」的三方星群組合，是「殺破狼」格，而女命的「命宮」三方星群組合也是「殺破狼」格。

其二、就女命而言，其「夫妻宮」的三方星群組合，是「機月同梁」格，而男命的「命宮」三方星群組合也是「機月同梁」格。

這種情形，就是很速配的一對理想姻緣，才能永浴愛河，術語上稱之爲「契合」、「相契」。套句孔夫子《三字經》的話，即「性相近」也。易經亦云：「知性，可以同居也」，此處的同居，意指人們如能互相了解個性，就可以當做好朋友，非指男女關係而言，亦即心有靈犀一點通的意思。

(2)、星曜相契的意思，只不過男女雙方在生活習慣上，較能情投意合而已，若不珍惜、照顧、調適的話，並不能擔保將來不會出岔子。反之，若星曜不相契，男女雙方在個性、思想上，往往南轅北轍，只好各做各的，互不干擾，但也不會造成刑剋。

所以，有人說星曜組合格局不同，若從陰陽調和的觀念來思考，正可引發剛柔並濟的作用。這種考量在理論上，也是非常合情合理，正符合道家「一陰一陽之爲道」的理論。

不過在實際應用上，星曜組合格局不相契，屬於婚姻的不適格，兩造動輒得咎，在離婚的實際個案中，其機率高的可怕。

(3)、用太歲入卦方法，輸入配偶的「生年太歲」在自己的命盤上，也是觀察夫妻之間互動關係如何，的一種好方法。如夫妻雙方的生年祿星，坐入或會照在，另一半的命宮或夫妻宮時，也是形成另一種「契合」的吉祥作用。但當生年忌星，坐入或進入對方的命宮或夫妻宮時，代表互相沖剋的要命，生活上經常橫生枝節。

(4)、先天夫妻宮假設有離婚的條件，並不等於一定會離婚，蓋因婚嫁對象的年次不同，結婚的年份不同，答案絕對不會一樣，所以不要太早下結論。又如夫或妻其中一人有離婚的條件，一人則無，也不見得會分手，所以對於錯綜複雜的兩性關係，千萬別鐵口直斷。

(5)、男婚女嫁最佳的狀態，一、是雙方組合格局很登對。二、是選擇正確的年次。三、是挑選結婚的吉時良辰。若三者皆俱備齊全，萬一日後有什麼風吹草動的，就算想要離婚也難矣！（這是筆者的經驗談）

(6)、有個千金難買的秘訣，就是結婚之年的忌星，在往後的流年中撞見，也可能會造成一些破壞力，甚至有意外仳離的情形，應特別防患於未然。

(7)、夫妻宮三方諸星形成特別格局，如火（鈴）貪格、火（鈴）羊（陀）異格，又逢祿星照曜，這是斗數中典型的「夫以妻貴」或「妻以夫貴」格，一般都建議先成家後立業。

四、子女宮

四 子女宮

子女屬於卑親屬，被設置在夫妻宮之下，暗示那是經由婚姻關係所產生的子女。因爲婚配對象不同，所以子女的多寡、優劣、性別、個性、面貌、緣份，自然也不同。子女宮屬於六親之一，且子女因各別條件不同，也會產生不同的互動結果，故其作用只能隱約透露一下，子女與父母的關係如何而已？至於子女能不能孝順、百年後有幾子送終…等，這些芝麻小事就不用去討論了。

尤其是，現代人離婚率居高不下，若有養兒育女的話，常因單親家庭的關係，易造成子女性格情緒化、思慮不周、個性乖張、行爲不變、怠忽學業、難以管教、人際關係阻隔…等，而延伸出一大堆的問題，導致親子間無法溝通，甚至爭執不休，此時此刻，親情的相處，可想而知。

但這並不代表一般家庭，不再重視生男育女的問題，畢竟在一個家庭裡，日常生活中就算什麼都不欠缺，若是沒有孩子的歡笑聲，似乎就不像個家的樣子，正如有女還要有子，才能湊成個「好」字一樣的道理。因此，只要有男女婚姻和家庭制度的存在，生兒育女的事，肯定是絕大多數夫妻所關心的事。

「不孝有三，無後爲大」，也有人認爲子嗣的有無，關係到父母的宗脈香火，與卑親屬之間的感情維繫問題，以及財務支配狀況。如巨門、擎羊星在陷宮，代表親子間的感情不睦，互動不佳或很少連絡；若是廉貞、貪狼、太陰、天府、左輔等星曜度強，則代表親子間經常互通消息，感情甚佳。（以現代人用手機的習性，常在 Fb、Line 上互通信息。）

《紫微斗數全書》卷三・論行限分南北斗云：「陽男陰女南斗爲福，陰男陽女北斗爲福。」又云：「北斗諸星吉凶，大限斷上五年、小限斷上半年應；南斗諸星吉凶，大限斷下五年、小限斷下半年應。」也就是說，看子女宮三方諸宮星曜的結構，得南斗星多者，主生男；北斗星多者，則主生女。倘若依照古賦文的論法，按圖索驥去推算生男生女，答案肯定並非如此。就算是不懂斗數的外行人，胡亂瞎猜也可以猜中50%，蓋因若不是生男，就是生女也。

※筆者以經驗來說，若改由從女性的懷孕月份，來推測生男或生女，其成功的準確率高達到95%～100%以上，但這就要看命理老師的功力了！

先天的子女宮，是用來觀察此生有無子女，以及是否子女晚（遲）得，但非用來看生多少個子女，頭胎是生男、亦或生女。因爲子女的多寡，根本是測不準，這與時空背景脫不了關係，如古之農耕社會，因需要人力資源，因此生四、五個子女，算是正常的事；但古今社會不同，時代潮流瞬息萬變，現代人，能生一、二個子女，每天恐怕忙得頭昏腦脹，恨不得趕快去結紮，甚至能不生就不生。

坊間原則上的看法，不外乎是本宮星曜強旺，代表以生兒子居多；若對宮星曜較強（田宅宮），代表以生女兒機率高。如三方會照吉星多，懷孕的機會就會越高。

又如破軍星「司子女」，行運中若逢此星，若不節育者，懷孕或生產的機率很高。廉貞、貪狼二星，也是很容易受孕的，但若遭遇天空、地劫，或一干煞星沖破，主懷孕的失敗率高，或子女姍姍來遲，亦有可能為高齡產婦。

有些職業人士，以此宮來看與岳母之對待關係，至於準確與否，讀者就得自己去驗證了？不過，筆者認為這已經逾越命理的範圍了，故從未使用過。

林註：

(1)、命理中的子（即出丁），即指傳宗接代，而這個重則大任，古人都寄望在男性身上，於是便產生了重男輕女的觀念。可是，生兒育女之數目與性別，並非是天註定的，乃是男女體質的「生、剋、制、化」所形成的結果，換句話說，由於婚配的對象不同，生兒育女答案，絕對不可能雷同。

可是在現代生活中，養一個小孩光是學費、補習費、手機、悠遊卡、以及雜七雜八的支出，就要花上大把金錢。因此，社會上瀰漫著一股不婚、不生的怪現象，台灣過去所流行的俚語：「兩個恰恰好，一個也不少。」顯然已經不適用於現今社會了。

(2)、原則上而言，大限子女宮的作用，可推敲出在此十年行運中哪一年，甚至是哪一個月，爲最佳的受孕時機（亦即優生學的概念），再觀察先天、大限、流年祿忌星的牽引，依此來斷定此胎是生男、還是生女，正確答案就會呼之欲出。至於流年子女宮的功能，所探討的是當年生產子女時，順利與否，母子健康平不平安而已，以我個人推演這種命例多年的經驗，其準確率的確很高。

(3)、也就是說，推測生育子女要用行運來看，因爲這是後天環境中的偶遇，原則上要用女方的命盤，然後輸入男方的條件，這道手續一點都馬虎不得。因在不同的時空環境裡，和不同的配偶搭配，也會使生兒育女產生變化。如懷孕期間胎兒一切養份的供給，以及生產過程中母子是否健康平安，會不會難產、流產、墮胎…等問題呢？

(4)、先後天的子女宮，若遇「鈴昌陀武」、「巨火羊」、「昌貪」等凶格時，須特別注意防範，畢竟小心能使萬年船。另外，廉貞、貪狼星在巳亥同宮，對於生兒育女，也是一大問題，如男子精蟲稀少，女性易子宮後屈，或是卵巢有毛病，不是不孕、流產就是子宮外孕、胎死腹中…等一大堆難題。

筆者有二位女客戶，一位流年子女宮形成「昌貪」格，且貪狼星化忌，即斷定為胎兒異位，這女客戶當時已經懷孕快六個月了，告訴筆者說去醫院產檢，一切都正常啊！二個月後這女客戶打電話來，要筆者替她選擇剖腹生產吉日，即問她不是說自然生產嗎？這女客戶才說醫生判定為「胎兒異位」，必須要剖腹生產。

另一案例的女性一九九二年移民美國，一九九六年嫁給美國人，婚後一直無法受孕。她先生命盤的子女宮在亥宮有廉貞、貪狼二星坐守，卻被行運的雙忌夾制，當時筆者告訴她，老公因為精蟲稀少，所以無法懷孕，可是她先生不相信，直到一九九八年時醫生診斷出她先生，不僅精蟲過於稀少，更缺乏活動性，就算是採用人工授精方式，做試管嬰兒的機率也不高，迄今無法生兒育女，因此一直耿耿於懷，引爲憾事。

醫學上的生理常識說，生兒育女之事，有些人的責任在男命的精蟲上面，與女命的體質毫無牽連。不過也有醫學報告指出，關於生育性別的決定，不外乎二種：

第一、並不在於酸鹼值或男性精蟲的多寡。

第二、它是男女體質生剋制化之下所形成的結果，和時空條件所賦予的類型凸顯。這是目前醫學界尚未能突破瓶頸的關鍵所在，也正是許多人工受孕、試管嬰兒不能成功的主要原因。影劇圈紅人白冰冰小姐做了多少次的試管嬰兒，花費數佰萬元的費用，育兒之事始終未能圓夢，就是一個很值得研究的案例。

世界第一個試管嬰兒，誕生於一九七八年七月二十五日，在英國倫敦西方一百九十哩處的奧德罕醫院，經剖腹產術分娩出一女嬰，名叫「露易絲・白朗」，震驚了全世界。在台灣第一個試管嬰兒，誕生於一九八五年四月十六日，由榮民總醫院接生，是一名男嬰。

林註：

判斷是否利於生男或生女，命盤上除了要輸入配偶的條件外，必須要再斟酌行運的消長情況，但不外乎下列幾種可能性：

1、流年子女宮，出現化祿星或流祿。

2、流年子女宮，被双祿所夾輔。

3、流年子女宮，被祿星所會照。

4、子女宮見祿星，卻逢沖破，大多先生女，後得男。

5、先天、大限、流年這三個子女宮位(合稱三代子女宮)，三方星曜若無凶象，又有左輔、右弼星相夾，有可能懷有「龍鳳胎」、或「雙龍抱」。

6、先天的子女宮，三方若遭煞星夾宮，沖擊，或雙忌星夾殺，就算歲限的子女宮論吉。也要注意「鏡花水月」、「落花流水春去也，天上人間」，易言之，胎兒難保也。

※以筆者研究斗數多年發現，夫妻二人先天的子女宮，若遭遇到先天忌星來衝擊，或被雙忌夾制，幾乎都生不出小孩；亦或夫妻二人的先天子女宮，被配偶的生年忌星所夾殺，也生不出小孩。

子女宮的各種情況大約分析如下：

(1)、代表一個人生殖系統的潛在因素，如三方結構佳美，主生殖系統相當健康，性生活協調多如意（不過，我個人懷疑此看法）。反之，若被忌煞沖破，就有性功能方面的障礙，想一圓子女夢，多未能如願以償。女命若煞星成格，卻遭忌星沖擊，有可能生理周期算錯，或是準確度不夠，但也不致於影響生育。因成格的星曜，只要逢行運逢吉化，自然可生育成功。

(2)、男性的子女宮位格局極弱者，其生子機率會偏低，也有可能是不孕症，甚至精蟲稀少或缺乏活動性，如果是世代單傳更有可能，但若不逢孤辰、寡宿，就不會是「一脈單傳」的。

(3)、女性的子女宮格局不佳，代表這個宮位體質過弱，本身生育機能就有問題，有可能難產、不孕。如子宮後傾、內膜異位、排卵異常、產道狹小、不易著床…等因素存在。一般而言，子女宮太過弱者，生兒育女反而難以養育。

(4)、若要知道孕婦生產健康情況如何？除了要顧慮命宮外，必須從子女宮以及疾厄宮，這二個宮位一起來探討。如女命身懷六甲，子女宮三方格局優，而疾厄宮三方格局劣，主平安順利生個健康活潑的寶寶，但母體健康則有微恙，可能引起血崩或其它併發症…等，需要一段時間來調養身體。反之，子女宮三方格局劣，而疾厄宮三方格局優，主母體健康無礙，但嬰兒較為難產或體弱。這是從優生學的觀念，來維護產婦及胎兒的生命安全，所以必須按照這個步驟來推敲命盤。

(5)、子女宮雖跟生育、養育、教育子女有關，亦可約略兼看子女未來的發展如何？如三方吉星會照多，一般而言，子女求學、功課、運氣都不錯，但要參考歲限的子女宮。

林註：

一個家庭的子女，可能有好幾人，所以不可能單從父母親的子女宮，就能看出每個子女的未來發展，以及將來的成就如何？必須將每個子女的命盤，逐一排出才有個別答案，這才是推演命盤的正確方法。

(6)、子女宮三方逢輔弼及祿、權、科、忌星時，有婚外生子的誘導因素。

(7)、子女宮三方桃花星群集，根據經驗以生女兒居多數，如爲天梁、天機、七殺、祿存等星，則以獨子居多數。

(8)、有些夫妻爲一圓子女夢，到處去求神問卜，甚至找尋生子利器，如雪山隧道的貫通石、動工典禮時綁紅布的K金鏟子等，各有擁護者。

五、財帛宮

五 財帛宮

「財」與「帛」兩者之間的概念，古今略有所不同。「財」係指後來發明的錢幣、鈔票，人們將貨物出售所賺到錢，再去購買自己的必需品，此時因以金錢爲計價單位，於是大家才開始有錢財的觀念，因此財帛宮，乃是一個人的養命之源。而「帛」除了指布帛、絲織品外，還代表金錢以外的一切貨物，即人類爲求生存，首先是自給自足，接著以自家有餘的農產品，與他人交換家中不足的物品，這種單純市場趕集的「以物易物」變通交易方法，目的不過在換取生活必需品而已，根本沒有想做生意的意思。也就是說，「財」與「帛」是有所不同的，兩者合稱之爲財帛，可以代表所有一切財物，皆爲日常生活上不可或缺的東西。

在熱鬧非凡的都會區，「以物易物」的交易方法，早已經消聲匿跡的無影無蹤了，那還能看到這種情況。不過，在世界各地方上，尤其是少數民族、邊疆民族，這種各式各樣的趕集市場，一直普遍尚存在著，還絡繹不絕於途，交易量不僅火紅，金額更是可觀。

通常，財帛宮被視之爲「正財」，爲正常持續所獲取的錢財，具有流動性（收入與支出兩種），包括商人的利潤多寡，與上班族的薪資高低所得。財帛宮三方諸宮吉祥，表示收入大於支出；反之，則凸顯支出大於收入。不過，這種收支的金錢，有時未必屬於自己的錢，如從事業務員、房仲業、直銷業、保險業、銀行業…等這些行業，當你(妳)個人命盤歲限行運的財帛宮優時，一天可能會收到很多客戶的錢，可惜卻是過路財神，因爲這些款項必須繳納回公司。

「財」亦分成兩種：

一指「內財」，專指一般開店做門市生意的（大賣場不包括在內），每日開門專等顧客來店消費，屬於較爲被動消極的生意。

另一指「外財」，舉凡透過商品販賣、推銷、仲介、進出口貿易…等方式來獲得金錢，因屬於主動爭取來的，雖其困難度較高，但獲取報酬的金額卻很驚人、龐大。

就生意人而言，財帛宮代表「營運收支」，用來看營運上的資金需求，和靈活的資金調度，以及事業經營的獲利狀況。如逢空劫星在財帛宮，若不是資金難於運轉，就是資金無法如預期回收。

如三方諸宮格局不佳，老是弄不清楚自己的口袋有多少錢，在理財上很容易捅樓子，所以不宜貿然經商。若是堅持要做生意的話，唯一的解決之道，最好一是以無負債的方式來經營事業，二是以從事現金交易的生意爲宜。

一般人，則看收入來源或賺錢的方式、能力與進財的順逆，以及消費、借貸、薪資、物資享受（非福德宮），也象徵一個人生活費用的支出，說白了就是購買力的強弱。總而言之，凡有關金錢收入與支出，都必須從財帛宮來觀察，才能看出一些端倪。

※ 財帛宮的作用，並非指存錢的能力（那是福德宮的事），該宮三方諸星的強弱，是用來看這個命造者：

1、物資慾望與享受財福的方式，和承擔財物的能力。

2、求財的心態，和進財的順利與否。

3、隱約觀察理財手段，以及有沒有花錢的本事。

若三方諸宮格局吉者，代表手上是擁有許多現金的有錢人。通常，祿忌星同入歲限的財帛宮時，意味著賺的多也花的多，花錢根本無節制，也缺乏成本概念，易造成「寅吃卯糧」的情形。

林註：

(1)、通常財帛宮，三方忌煞星過多之人，個性都比較剛烈，並且膽識過人，意志力堅強，因此財物的取得方式，手段相當劇烈，敢於火中取粟，甚至求財不擇手段，腦中只想迅速橫發。如天機、天梁和殺破狼格之類的星宿，遇忌煞星侵入，大多有賭博和投機生財的傾向，多有一夜致富的夢想。

反之，吉星群集多之人，個性大都温文儒雅，對於錢財的取得，本者君子取之有道，不貪求非分之財。若行運中，又無煞星來沖擊、刺激，這種人一輩子只能知足常樂，隨遇而安過日子，想要成大功立大業，簡直是痴人說夢話。

(2)、財帛宮三方組合，星曜達到五顆以上，企圖心旺，錢財的承擔力強，所以比較能發財。而且對於物質的慾望也越強烈，多喜歡享受財富帶來的歡樂與滿足感。反之，則畏首畏尾，裹足不前，當然發不了財，不過物質的慾望也低，也很容易滿足現況的。

(3)、先後天的財帛宮，一見忌星來沖擊，所呈現出的是一種惡性循環的連鎖反應，在這種情況下，最好別向他人借貸來經營事業，蓋因財務非常吃緊，舉債愈多，負債愈重，極易陷入泥淖，而無法自拔。※賭徒最懼怕此，因忌煞星交沖，有大破財的徵兆。

財帛宮的各種情況大約分析如下：

(1)、斗數中所謂的財星，如武曲、天府、太陰星等，進入先後天的財帛宮，如果宮與星強，乃為「財入財鄉」，在歲限中逢祿星照耀，對於錢財的承擔力強，也較有機會發一筆財，但究竟會發什麼樣財，全端視你(妳)所從事的行業而定。

(2)、財帛宮好，表示收入大於支出，如祿星入大限或流年的財帛宮。商人者，可望營運利潤大幅成長；上班族者，正是調漲薪水的好時機點。反之，則是收入不如支出，再遇忌星沖破，則暗藏殺機，商人則生意清淡，利潤淺薄，更要留意貨款變呆帳的問題；上班族不但加不了薪，有可能被炒魷魚或放無薪假。

(3)、生意人，「官祿宮」格局好又見祿星，而「財帛宮」格局弱卻遇忌星，或被雙祿夾忌，那就形成生意做的搶搶滾，卻有貨款難收，甚至被倒債的現象，習斗數者要辨別其中的差異性在哪？財帛宮與官祿宮在三方形成會照，兩者是相輔相成的關係。如三方結構強又見祿星照耀，亦可論財庫無破，依然可累積致富。

(4)、忌星沖破歲限的財帛宮，如同被劫財一般，造成進財困難，開銷超額，甚至被人倒債、跳票。尤其是，「空劫夾忌」的敗局，出現在行運的財帛宮，最不利於幫人調頭寸。

(5)、財帛與福德這二宮對照呼應，所以必須一起探討，但以財帛宮為「主」，福德宮為「副」。因此二宮可以判斷一個人對金錢的觀念。如煞星多見，都對錢財沒什麼概念，不是個會理財或計較金錢的人。好處是，不會太迷戀物質享受；壞處是，容易形成浪費，從商多敗，因無法與人錙銖必較。換句話說，財帛宮為錢財來源宮位，而財利收入後的使用情形和處理方式，則必須要看福德宮位。

(6)、財帛宮三方結構優，而福德宮三方格局劣，顯示雖有賺錢的能力，卻保不住錢財，這種人只能安享太平盛世，難成為一方富豪。

反之，財帛宮差，福德宮好，則有非營利外的投資收入。如進入股匯兩市、賺取利息、投資土地，若田宅宮吉，還可以出租房子…等。換句話說，福德宮具有「祿」的含意，和財帛宮的「財」很有關聯性，所以才是真正的「財庫」。

※一個人有沒有錢，手頭上的資金寬裕否，與財帛宮沒有絕對關係，反倒是與福德宮，息息攸關。

(7)、股票買賣、期貨交易、匯率差價、運動債券、信託基金……等，如果命造者以此當事業來經營，每天殺進殺出的短期交易，原則上是以「財帛宮」為主，來看獲利與否？但能不能砸大錢投資，就得斟酌「福德宮」，因投資股市的錢財，必須要看福德宮三方的結構如何，且該宮具有長期儲蓄的意味。

(8)、不管是投資或投機，歲限的財福二宮，逢祿星照耀，無論從事哪種型態的求財行為，都可望發得金光閃閃，累積大筆財富。反之，歲限的財福二宮，被忌煞侵入，肯定破財的入不敷出。

(9)、太陽、太陰星坐守財帛宮，主在相同的行業中有二種收入，如在學校的老師，白天在課堂上教英語，晚上則到補習班亦是教英語，而學校的同事們也都知道此事，屬於光明正大的兼差。若破軍星坐守財帛宮，此星因喜跨行又跨市，正如俗諺云：「摸蜊仔兼洗褲，一兼二顧」，代表在不同的行業中有二、三條收入，如白天在電子公司上班，晚上則到超商加班，爲公司老闆、同事間所不知道的事，屬於暗渡陳倉的兼差。

(10)、左輔、右弼二星，本就有源源不斷，涓滴成河的特性，更具有「去而復返」的韌性，凡事不會一次就拉倒。若歲限進入財帛宮，三方加會諸吉星，發財不會只發個一、兩年，而是綿延不斷。

(11)、命理學上所說的「破財」，不是指日常生活開銷大，或是在無意中花掉大把金錢，而是指花了錢，卻未能獲得實質上的利益。

(12)、六煞之一的陀羅星暗化忌，最好勿進入先後加國的財帛宮，主暗中耗損金錢。

五 財帛宮

六、疾厄宮

六 疾厄宮

老夫子曰：「人吃五穀焉能不生病」，現今人類的病痛名稱不但名堂多，而且致病的原因也多的不勝枚舉，不限於吃五穀才會生病。一個人的老、死是生命的無奈趨勢和歸程，每個人所能祈求與想避免的，唯有身體的健康和不要罹患大病，否則「錢進銀行，人在天堂」，根本無福享受。

疾厄宮的作用，所顯示的主要功能，隱約被用來觀察與生俱來的遺傳體質如何，以及反應命造者對疾病的抵抗力如何？或對疾病免疫力的強弱程度。因此，先天疾厄宮三方忌煞交沖的人，大都對疾病的抵抗力差，但並非表示命造者必然會生病。可是，忌星在疾厄宮肆虐，一旦生起病來，病情就會變的很嚴重，治療或復健過程中，也是挺麻煩的。

※筆者有幾個客戶得了鼻咽癌、肺腺癌，從斗數中看不出有什麼毛病，又沒有遺傳因子，在醫院檢查方得知，原來是長年在工作場所惹出來的疾病。

如命宮無正曜星坐守，而疾厄宮三方星曜太旺，此人的健康一定有問題。又如在歲限的行運中，祿忌星分別入侵先天疾厄宮，在這種情況下都會使健康每況愈下。又如早年夭折，必然是先天疾厄宮（或父母宮）主星落陷，或遭忌星及諸煞星沖破。

疾厄宮的對宮為父母宮，是否表示個人某些疾病的發生，係來自父母親的遺傳因子，這個問題尚有待查證和研究的空間。有些門派用來看命造者的情緒反應以及性能力，前者是正確的，後者我們則不知其所說的，正確是否？

※疾厄宮由「疾」與「厄」二字共同組成，主管一個人一生的疾病、困厄。但嚴格說來，應再細分為疾病和災厄（難），這兩方面來探討：

疾（病死）：指健康而言。包括自然死亡在內，如身體器官受到壓迫、破壞、感染、老化或帶有因果業障的……等。屬於「內因」的生理失調，和體內所罹患的疾病，所以須從先天疾厄宮，以及歲限疾厄宮的三方星曜組合，來察看身體健康是否哪裡有微恙。

厄（猝死）：指災難而言。俗稱意外死亡，如瞬間發生的車禍、爆炸、溺斃、自殺、空難、颱風、地震、海嘯、土石流…等。為後天行運中遭遇的驟變，屬於不可預防的傷害。屬於「外感」的意外災禍，即在外面所發生的事情。易言之，災難是衝著自身而來，因此必須從先天命宮三方星曜組合來推敲，尤其是當遷移宮（最明顯）化忌又挾煞星沖射命宮，亦或遭遇羊陀、火鈴星來襲，此時最為險（凶）惡，要特別注意突然其來的災禍了。

林註：

傳統上的方法，是將星曜賦予陰陽五行的屬性，再依照五行生剋原理，來推論一個人究竟會罹患何病。不過，也有此老師認為此法不合乎科學邏輯，而不接納傳統的五行生剋理論，所以就一直想從實際的命例中，找出一套較為完整的理論架構來，做一個命理研究者，自然拭目以待。

就理論上來說，命盤上所發生較嚴重的健康問題，常會出現在先天的命宮上，根據經驗簡單分析如下，值得習命者仔細推敲：

(1)、先天的命宮，代表自我潛意識的心理及行爲作用，也因此對健康的影響最大、最深，常會凸顯出身心靈上的某些狀況，偶爾也會顯示出疾病的徵兆。古希臘哲學家有句名言：「一個人的個性，就是他的命運。」事實上的確如此。

(2)、本命的疾厄宮，坊間一般的論法大多以此宮位，來判斷一個人可能會罹患何種疾病，又是否會造成致命的危機。不過，依據個人多年經驗，疾厄宮雖然可以推論疾患，但這只是它的功能之一，另外還可以推論意外傷害（指災厄而言）。

※然而，真正比較大或凶的疾病，並不一定是從疾厄宮發射出來的，命盤上十二宮的任何一個宮位，一旦出現忌煞交沖的情形，都有可能引發輕重不同的相關疾病，如疾厄宮有癌症，卻喪命在遷移宮，這一點研習斗數者不可不知。

(3)、本命宮的格局，即以三方星群的組合結構，來判別發生疾病的因素在哪？因爲在競爭激烈，快速變遷的現代工商社會，每一個人隨時都繃緊神經，無時無刻充滿著緊張力，加上飲食起居不正常，和工作環境的影響，久而久之，難免健康亮起紅燈，而產生種種的疾病。尤其是高血壓、糖尿病、心臟病、腸胃病、胃食道逆流、精神恍惚、五十肩…等，一大堆現在文明人的疾病。

※疾厄宮必受三方星群所左右，即外在環境所施加的壓力，我們稱之為「緊張壓力」。假如是一個樂觀豁達的人，根本不在乎此壓力的存在；反之，生性神經兮兮的人，老是感覺得這種壓力，會給他帶來一種莫名其妙的壓迫感。

(4)、從斗數命盤中，雖可推測出一個人大概的病症，但疾病有千百種，而斗數並非什麼仙丹妙藥，可以讓人妙手回春。俗語說：「預防勝於治療」，研習命理首重在防患於未然，命造者身體上若感覺有微恙，就應該趕快上醫院檢查治療，才是正確的方法，而不是本末倒置的跑去算命，否則全世界的醫療機構豈不多要關門大吉。

疾厄宮的各種情況大約分析如下：

(1)、探討一個人身體機能的問題，首先觀察疾厄宮，是否容易罹患某種疾病，若被每一個大限的化忌星來沖，很有可能就是致命傷了，再參酌命宮、福德宮星曜的組合情形，再下斷語。但須以主星曜爲主來判斷，並且要留意左右鄰宮有無夾制的威脅。

(2)、有關健康問題，必須參照先天命宮，及大限命宮三方諸宮來考量，許多意外災難，經常會出現在這裡，而非顯示在疾厄宮，如先後天命宮三方諸宮沖剋嚴重，就較容易發生病痛，不過也有可能是健康情形，每況愈下。

(3)、大限如坐疾厄宮，而三方宮位皆呈現凶象，又遭歲限的忌星雙雙沖射疾厄宮，健康情況就不妙了，有可能變成痼疾難以治癒。由於此大限已步入六十歲以上的老人了，自然體力日漸走下坡，身體上的器官功能也逐漸老化，此時宜多做運動保養身體，也要留意原有老毛病的問題，千萬不可大意。

(4)、一般而言，很多屬於「腫瘤」的症狀，都會出現「祿忌」沖健康的現象。若加上「羊陀迭併」的凶格，很有可能病情惡化變成難治的癌症。從疾厄宮所引發的疾病，其病痛較爲嚴重，若由三方來沖，其凶性比較輕微。應該留意的是，疾厄宮顯示凶象的症候，只是使人難過而已，若是出現「凶格」那就要格外的注意了。

※凶象，指忌煞交沖而言；凶格，指雙星五行相剋成凶，再加上凶格的危害。如「巨火羊」凶格，歲限又見忌煞來沖破，是也。

(5)、疾厄宮喜坐天空、地劫中之一星，或和十二長生神煞中的死、絕之一星同宮。理論上，叫做空掉疾病，亦或死(絕)掉疾病，病症反而會好轉，我們驗之有準。

(6)、天梁＋天刑＋羊陀星時，乃爲「九死一生」的格局。尤其是走丑、酉運時，常會有突然的災禍。

(7)、貪狼化忌＋擎羊＋天刑星，這是一個「橫禍格」，宜特別小心處理。

(8)、任何人不論先天有何種潛伏的疾病，通常病情發作必定有一定的時間，而這個時間點用流年就可觀察出來，在大限也會有所顯示。

林註：

命盤上若出現的以下五大凶格時，要特別防患未然，一不小心可能會闖下大禍。

(1)、疾厄宮坐廉貞星落陷又化忌時，乃爲「膿血之災」，多主手術開刀。若入遷移宮，該宮又遭雙忌夾殺（即雙忌夾忌），這是一個極凶格，主手術開刀，出門在外行舟走馬，易發生突如其來的意外車禍，入院動手術治療，歲限逢之要特別注意。

(2)、疾厄宮坐破軍星與文曲星，三方會聚諸煞星，歲限逢文曲星化忌時，主重大意外水難(厄)，江、河、湖、海、圳、潭邊…等，切勿逗留水邊或戲水弄潮。（在星曜落陷時才會，遷移宮亦同此論。）

(3)、遷移宮坐七殺與武曲雙星，三方宮位諸煞群集，歲限逢武曲星化忌時，容易爲刀槍、槍彈或金屬利器所傷，非常明顯。命盤上的「因財持刀」、「謀財害命」就是此凶格，若再加上擎羊星，身體更會遭到殺傷，宜小心提防，最好不與人爭強好勝。

(4)、破軍星化祿在大限或流年重逢，三方與對宮遇忌煞來沖，會突然發生意外事故，有很大危險，要格外留意。破軍星化祿，有主大地震的因素，要特別防患於未然。

(5)、「鈴昌陀武格」爲斗數中的第一大凶格，此命造之人，在遭遇重大的災難，焦頭爛額，走投無路後，精神飽受折磨，心理苦悶不已，不是整天怨天尤人，就是有自我毀滅的現象。此凶格自殺機率最高，這時最需要親友幫忙找出一條解脫之路，以免因選擇錯誤，造成無法彌補的過失。

※以上五項凶格，是斗數看出外是否有凶險現象，最好的方法及祕訣，就是「危邦不入，亂邦不居」，能避則避之。如果能倖免於難，但日後筋骨酸痛，體能衰弱，

心神不寧……等這些慢性病，卻有可能折磨半生，這些大致上可從「疾厄宮」看出端倪。

如太陰星，主筋骨神經痛；天機星化忌，主肝病、神經衰弱與長期失眠；巨門星化忌，主十二指腸、扁桃腺及支氣管發炎；天刑、天月、天同星化忌，主慢性病拖磨，有如受刑人一樣長期痛苦。

※簡單的看法是：

第一、先看流年的疾厄宮，如疾厄宮三方見諸煞呈凶，而遷移宮三方吉星呈祥，多主冷汗直流，虛驚一場。

第二、再看流年的遷移宮若見諸煞呈凶，而大限的遷移宮三方吉星雲集，暗示流年外出恐偶遇災難，但大致上並無大礙。

第三、若流年的疾厄宮、遷移宮、大限的遷移宮，此三宮三方皆呈現凶象，那麼此年極易肇致血光之災喔！

七、遷移宮

七 遷移宮

遷移宮排在命宮的對沖宮，不論順或逆時針，皆屬於在第七個宮位，本宮在所有職事宮位的功能中，比其它宮位用途則多太多了。比其它宮位用途它顯示與命宮的關係匪淺，有互相吸引、平衡及牽制的力量，互動關係自然也最密切，堪稱生命共同體。如果說，命宮代表自己內在的「顯性的特徵」，遷移宮則主外來因素的「隱藏的個性」。可觀察命造者的人格特質，扮演著什麼角色最恰當，可用來做「觀心術」，卻不包括想到(說、做)什麼，就立馬實行。

雖然遷移宮，所探討的是除六親外，非血緣關係的人際關係。實際上，命宮的三方諸宮星曜，也都會有所影響，只是遷移宮的份量比較重些。換句話說，一個人的人際風格，是外在與別人、團體行為交互影響表現的結果，可是別忘了外在行為，是被命宮內心意識所左右，若忽略了命宮，就什麼也不用談了。

在中國保守的農村社會，因地緣的不便性與交通的不發達，老百姓的生活，幾乎過著與世隔絕，和人「老死不相往來」，只活在自己的小圈子裡。然而，在快速變遷的時代，閉關自守，獨善其身的結果，只會讓自己成爲井底之蛙。所以，就有學子提倡「讀萬卷書，行萬里路」，無非是想藉此大千世界，廣增見聞，提高生活品質。也因在生活環境極爲艱難的情況下，老祖宗們不得不改弦易轍，讓子女外出尋求發展，如早期遠赴南洋、美國及世界各國奮鬥打拚…等，即是最佳的寫照。

對安土重遷的古人來說，外出遠行的確是件重大的事，不過古人鄉愿的思考模式，大多是根深蒂固的勞不可破，且糾葛在感情和理智中。一方面希望子女能長留故鄉，另一方面卻又寄望子女能離鄉背井，遠赴異地發展，然後衣錦還鄉，榮歸故里，光宗耀祖。這種內心互相矛盾的心理，反應在「在家靠父母，出外靠朋友」、「男兒立志出鄉關，學不成名死不還；埋骨何須桑梓地，人生何處不青山。」的文句上。

遷移宮是一個人往外發展的門戶，自古以來一直被認爲是外出、行車、喬遷、陞遷、移民、對外貿易的重點位置，因爲人不可能離群索居，獨往獨來，蓋任何人的行爲都脫離不了社會性，不管自己與別人之間，是否有利害關係存在，總得採取某種行爲跟別人溝通，因此人際關係是免不了的，所謂「人在江湖，身不由己」，就是一個最好的例子。

在社交風氣大開的現代社會，遷移宮還被視之爲能否與人互相交流、溝通、協調，以及處理人情世故的手段。易言之，遷移宮的功能是用來推算朋友、同事、同學等，這些平等關係之間的互動如何？此宮也代表個人的能力，是否能接受到外在環境的考驗，以及涉外的應變能力如何，和外表顯象、地位、貴人、名譽的象徵。

大致上而言，先天遷移宮的作用，是用來審視一個人待人處事的態度；而行運中遷移宮的功能，是用來探討當時所遭遇的人際關係。

※遷移宮的基本用法有三種：

其一、主掌人際關係：命宮三方強旺加會吉曜多者，除了代表貴人越多之外，外出的誘因很強烈，人際關係的互動也頻繁，似乎做不了宅男(女)。這種人很喜歡外出、好動，或離開出生地，希望能夠表現自己，出人頭地，光耀門楣，榮歸故里。若命宮三方格局呈現弱勢，而遷移宮三方又諸煞成黨，代表小人多，主不利於人際關係，凡事礙手礙腳，不能圓滿解決。

至於先後天遷移宮三方遭忌煞沖剋，人際關係更凶，老是無法與人和睦相處，若是公司行號對外行銷新產品，有如道士爬刀梯，簡直難上加難。

其二、主交通意外事故：遷移宮三方及對宮，遭忌煞沖剋，主有意外馬路血光之災。尤其是，本宮化忌又挾煞星沖撞「命宮」，最為明顯、凶暴，所受的傷害就不只是不順、煩惱而已，極可能帶來身體上的傷害，若忌煞交沖多加上羊陀星時，有可能官司纏身，亦也有可能碰上刀槍搶劫，外出特別要小心謹慎防範。

筆者論命多年的經驗上，最常發生意外事故的，以遷移宮出毛病的機率為最多，若發生車禍以至身體受傷的，多屬於命宮有瑕疵者居多。如武曲、貪狼、廉貞星化忌加上擎羊星，最為凶險萬分，尤其在酉宮。

一個人會遭受意外災難，通常在先天命局中，就可看出蛛絲馬跡，什麼時候會發生，端視歲限三方諸宮是吉或凶。不過若有一顆小星解神在遷移宮，由於此星具有福至心靈的妙用，有可能逃過一劫。亦或太陰星或天機星加逢火鈴星時，也常有靈異的第六感，可適時避過災難。

大致上，造成意外事故的原因有二：

1、直接因素：起於不安全的工作環境場所。

2、心理因素：起於工作者，因個人心理因素的影響，導致做出不安全的動作。

其三、為進出口貿易宮位：若三方諸吉星高照，主進出口貿易順遂；若三方諸凶成群，則不宜進出口貿易，只宜經營內銷，也不利新創行業，蓋因所有的新業都是壞的開始。

生意人的遷移宮，三方宮位宜見祿星或化祿星。尤其是，做進出口貿易商或批發業經銷商，才有利潤可圖，財源滾滾而來。若見忌煞星沖剋，「出口業」者，易因生產品管不良，或交貨時間延誤所致，而遭到拒收、退貨；「進口業」者，不是有匯率差額的問題，就是利潤大幅減少，倍受壓力、折磨。

林註：

(1)、財帛、官祿二宮結構佳美，而遷移宮三方不吉，最好不要從事進出口生意，屆時恐怕血本無歸。因進出口位置受阻，貨品無法順利通關，既然無物可賣，財帛、官祿二宮有如船擱淺灘，起不了作用。如果拐個彎，轉向貿易商批發貨物，當個下游廠商銷售產品，此時的財帛、官祿二宮，才能發揮的淋漓盡致。

(2)、貿易生意，當然有買有賣，遷移宮三方結構佳美，意味著可以找到買、賣雙方都能建立良好關係的廠商和客戶，生意能在穩定中成長。

(3)、生意出現競爭對手時，先後天的遷移宮，將成為競爭對手的宮位，「官祿宮」則是判斷事業順暢與否的重要宮位，「財帛宮」為是否能賺錢的關鍵宮位。如敵強我弱，進口方面自然敵不過競爭對手。

(4)、選舉時若是只有兩人競爭，大致上可從遷移宮看出鹿死誰手。概括地說，自己命宮的三方結構佳美，而遷移宮三方遭忌煞沖剋，即可穩操勝劵，打贏這場選戰。如再輸入對手的資料，情況會更明朗化，筆者驗之，尤準。（不過三人以上的選舉，則不適用。）

遷移宮的各種情況大約分析如下：

(1)、遷移宮，才是財源之門戶。如三方諸宮六吉和祿星照耀，格局佳美，比古籍書云：「化祿遷移位，發財於遠郡。」更略勝一籌，蓋因祿星在遷移宮，風評很好，人際關係極佳，總有人不斷地提供一切資源，所以出外人肯定不會絕糧的。此格宜從事進出口貿易，推銷產品，中盤批發等，必然鴻圖大展，業績可望拉出一片長紅，發得金光搶搶滾。反之，六煞和化忌星盤踞其中，即使往外發展或南北闖蕩，不論從事任何行業，卻有如在驚濤駭浪中行舟，前途肯定受阻，簡直就是「滾石不生苔」。

(2)、遷移宮，是談論老闆和頂頭上司的重要宮位與環節。根據長年的觀察，我們發現命造者一生事業的成敗關鍵，往往取決於他的人際關係優劣。如先後天的遷移宮三方諸宮吉星多，通常較會廣結善緣，因此頗能得到貴人的幫助和提拔，一生仕宦也大多能平步青雲。

又如，爲人作嫁的公務員或上班族，不管在工作上有任何的傑出表現，一旦先後天的遷移宮，三方佈滿忌煞星，暗示狀況自外而來，這種情形叫做「四面楚歌」，人際關係當然也不會太好。在公事處理的意見上，就是無法和老闆或頂頭上司溝通，甚至形成南轅北轍，背道而馳。既然無法和諧相處，更不用說能得到賞識和重用，搞到最後只好掛冠求去，另尋他途去了。

(3)、遷移宮，可用來觀察公司行號的行銷狀態，以及企業形象…等。所以想衝高業務的行銷人員，推論時要以遷移宮爲重點宮位，其次再參考官祿宮如何。

(4)、廉貞、七殺星坐遷移宮，遭雙忌夾制，歲限逢廉貞星化忌，三方結構又不佳，乃爲「路上埋屍」凶格。至於身體會發生什麼狀況，必須加論疾厄宮的狀況，方略知一二。

(5)、遷移宮主星化忌，三方見羊陀煞星，或羊陀星夾遷移宮化忌時，大多與人無法交心，出遠門宜防範小人作遂，和意外不測血光之災。若遷移宮遭雙忌夾殺，主出外易受挫折、阻礙、嫉妒，是非口舌風波不斷，亦有可能有官司。

(6)、遷移宮如為雙忌夾忌的敗局，開車若在左右或前後的車陣之間行進，有可能會出事。至於三台、八座星，如斷在擬物化上，所象徵著最相應的就是車輛和輪椅。

《斗數發微論》云：「火星到遷移，長途寂寞。」正也代表命造者的個性孤寂，如長途跋涉（外出、旅行）開車、坐車，最好能結伴同行，旅途上較不會落落寡歡。

(7)、本命、大限、流年的遷移宮，三方見天空、地劫之一星，都要小心空難事件，或被高空物擊傷，或被室內欄杆、室外水溝蓋…等，絆倒而傷及腳部。歲限行運中偶遇，不宜乘坐摩天輪、海盜船、熱汽球、滑翔翼、衝浪板、蕩秋千、高空跳水、…等危險遊戲，且遠離建築工地、大型招牌，走路時儘量走騎樓。女仕們最好不要穿高跟鞋、長裙，以免卡住在電扶梯、水溝蓋上。

(8)、流年的遷移宮，爲當年換工作單位時的直屬上司（非老闆），是用來探討新職場與頂頭上司之間，是否良性的互動關鍵所在。亦爲當年新交的朋友，可以看雙方互動的關係，這點非常重要。

坊間也有些人，把流年的遷移宮，當作是執政政黨的心態，及危機處理來推論。不過是用總統、行政院院長，或某個人的命盤來判斷呢，我們無從得知，也不作此推論，就算玉皇大帝親自掐指一算，也是不可能的事。

(9)、江湖論命，喜用流年的遷移宮，來論斷一個人的艷遇、外遇、情緣，以及是否有愛的結晶，讀者不妨試一試。

(10)、遷移宮若爲空宮，三方諸宮又有忌煞星盤踞，出遠門或拓展業務、外交、辦新產品說明會，肯定有其困難度，出門在外也通常有水土不服的症狀。

八、僕役宮

僕役宮

在古老中國的農業社會，農民佔絕大多數，老祖宗們講求的是「男耕女織」。前者指日出而作，日落而息的農業生產力；後者指家庭即工廠的代（手）工業。由於兩項都需要大量的勞動力，即使家族成員全部投入成爲生產線的主力，一旦在人力不足的情況下，不得不尋找外力來幫幫忙，此時奴婢便成爲勞動的補給者，來輔助家庭以增加生產效益。因此僕役宮，便成爲生產力的代表，或是生產力的主要來源。

在斗數十二宮稱中，僕役宮是最讓人誤解和誤用的宮位，早期的古籍書上，註明的是奴僕宮或僕役。有識者說，奴僕古代原本專指奴婢、長工、家臣之類的低階下人而言，內含有偏見、貶低、扭曲、誤解人權的意味。雖然現代工商社會，職場上主從關係的性質，早已經不同於古之社會，富貴大戶人家的奴婢、佣人、帳房、管家，但上司與部屬的本質依然存在不變。

在人權高張的現今社會，人們也不再存有什麼主僕的觀念，因此有些人主張將僕役宮，更改爲「交友宮」，如《紫微斗數新詮》、《欽天四化紫微斗數飛星祕儀》等書，亦有人改稱之爲「朋友宮」、「職員宮」、「合夥宮」。所謂僕役的基本常識，台語俗稱「頭家（老闆）」與「辛勞（夥計）」，也就是被企業主或上級單位所差喚、驅使之人，眾所周知這些人，必須聽命於老闆或上司長官，又怎麼能以交友宮或朋友宮來稱呼呢？所以僕役宮根本不是交友宮或朋友宮。

若以當今社會來說，指的就是部屬或員工，這兩者天南地北，差異性極大，豈能混爲一談。坊間斗數界有些人隨意更改斗數宮稱，顯然有指鹿爲馬，錯把馮京當汴梁的意味，不但犯了以文害義之弊，也扭曲了僕役宮帶有「主」「從」關係的本義。

依筆者的經驗，「遷移宮」才是如假包換的「交友宮」，因在自己的三方宮位上，是自己可以充分掌握的位置。也就是說，朋友是外出時碰到的不特定陌生人，你(妳)要選擇淺交或深交，全由自己來做決定。

理論上來說，先天僕役宮的功能，是用來探討一個老闆或是企業家對員工、屬下的態度；至於大限的僕役宮，所用來探討的是，企業主所僱用的員工，或公民營主管的下屬，對老闆或上司主管，是否忠心不二，與其能力才幹如何。

僕役宮本質上，是顯示命造者在用人、帶人、及對待員工的潛意識型態，不過卻會受到先天命格所具備的特質所影響。大致上，從僕役宮三方星曜的組合，約略可看出命造者，在用人、帶人方面的一些徵兆，如果把該宮當作是企業家的「用人術」，真的非常的貼切。如煞星沖剋形成凶格，往往凸顯出在用人、帶人這方面，會有一種隔閡、鴻溝、和理念反其道而行的現象，甚至碰到惡員工，給自己增加無謂的麻煩。

事實上，一個人先天的性格，不單只反應在他的行事作風上，尤其在擇人任事方面，也會受到本身的個性深深所影響，所謂：「性格決定命運」是也。譬如說，無論是公民營事業單位的上司，或企業主的個性，多固執己見，凡事專斷獨行，戰鬥力十足，喜速戰速決，不拖泥帶水。所以在用人、帶人或團隊作戰方面，大都選擇具有強硬領導作風，積極主動的員工、部屬，蓋因其內心有一種「強將手下無弱兵」的心態。

僕役宮即「合夥宮」，不過合夥的對象是指特定的別人，所以除了用來慎選合夥人，和廣納人才外，更積極的作法，應該充分利用本宮去思考如何造就人才，並使這些人才為我所用，才是正確的新觀念。如歷代的諸侯在打天下時，都會網羅奇人異士，希望為他獻計良策，或赴湯蹈火，才能打垮其他諸侯，建立一番豐功偉業，進而改朝換代稱王、稱帝。

尤其是，在變化萬端的現在高科技時代，哪個大老闆不想網羅擁有三頭六臂，神通廣大，本領出眾的高手，憑藉「借力使力」的力量，來實現自己成為頂尖跨國的龐大企業。譬如行運中的化祿星，進入僕役宮的三方，表示搭別人的順風車，也是一條終南捷徑。

現代的社會日新月異，工商企業若不跟進，就注定被淘汰的命運。看看Cable上的每家購物台，天天不斷在推出新產品，就知道競爭是多麽的激烈，顯而易見，不進則退矣！逼的企業家不得不投入各種資源，包括大量的資金，成立產品研發中心，添購最新機器設備，嚴加對物料的控管，提高生產力，和產品的行銷策略，以及人員的選用、陪訓、工作績效…等，這其中最重要的主角是人力，而其它資源都居於配角的地位而已。

已故台塑集團王老先生曾經說過：「成功是眾人協助，和良好環境所造成的，不要把自己估價的太高。」一直指「人力資源」是企業經營能否成功獲利的重要命脈，一個企圖心熾盛的老闆，若不能「慧眼識英雄，得而用之」，是無法建立龐大的企業王國，只能靠小本生意，賺個蠅頭小利存活而已。簡單扼要說，「人力資源」就是看命造者（企業主），對人事開發與運用的管理方法，行政學上稱之爲「僱傭管理」，亦即工商企業對屬下員工管理，所制訂的原則和方法。

僕役宮的各種情況大約分析如下：

(1)、僕役宮的作用，一、看員工和部屬間的對等關係，如班底、門生、弟子，和身分地位上下的分別，如祿星飛入奴僕宮，表示對他們（老闆）的付出是無條件的。二、用於企業應徵員工的遴選、陪訓、配用、和考績…等。一個老闆的命局，三方完全不見七吉星，奴僕宮的格局又差，那就無得力助手和部屬可用，只能校長兼打鐘了。三、可判別上、下游工廠物料流通關係，其吉凶如何。

(2)、若煞星成格會沖僕役宮，則可聘請具有高度專業技術性的幫手來輔助，則吉。但先後天的奴僕宮三方諸宮，皆呈現凶象，不是用人不當，就是人事管理不佳。

(3)、僕役宮的星群組合，氣勢強過命宮或歲限運程，如此奴強命弱，即所謂的「奴欺主」，容易用到我行我素不聽話的員工，甚至騎到老闆頭上，這種情形若與人合夥生意，特別要常存戒心。

(4)、看金錢往來的「債權人」與「債務人」之關係。若本宮群凶成黨，再加上福德宮、財帛宮亦凶象時，不可當債權人，因借出去的錢，容易會被倒掉。

※此時，最好不要為人做債務、不動產上的擔保，否則必賠無疑。（放款坐收利息，有人用此宮來推敲。但若為長期的生意行為，那麼官祿宮也要一併斟酌。）

林註：

(1)、僕役宮爲合夥宮位、結盟者，但必須要與遷移宮合論，則隱約可以獲知能合夥幾年，能賺錢與否，或者會拆夥、叛變。如三方遇天空、地劫之一星時，鐵定會拆夥。

(2)、殺破狼格，歲限逢貪狼化忌，加會火鈴之一星與孤辰星時，更主「分離」，合夥人很有可能盜取商業機密文件，帶槍投靠其他公司，亦或叛變、分裂出走，甚至自立門戶另組公司，與老東家打對台廝殺。

(3)、大致上而言，合夥分成兩種，一是我去合別人，另一則是別人來合我。其中又可再細分爲四種：

其一、是我去合別人，我雖出資金，只是純投資，不管任何業務，凡事全由股東作主。

其二、是我去合別人，既出資金投資，又要掌管公司業務。

其三、是別人來合我，別人出資金，只是純投資，不管業務，全由我作主。

其四、是別人來合我，既出資金投資，又要介入公司業務。

林註：

這層層的關係，必須要弄清楚、搞明白，千萬不可混淆不清，當投資者在面臨抉擇的時候，如果能藉由命盤替他們分析得失時，才能提供一些正確的資訊，協助東家如何取捨，知其進退。

其中的第一條，由於是純投資，所以其吉凶不會顯示在本人的命盤，而在那個合夥人的命盤上，此合夥人若正在走好運，自然一路過關斬將，獲利無數，才能分我一杯羹，否則肉包子打狗一去不回。

(5)、當大限或流年的化祿星進入六親宮，而忌星進入自己三合宮的時候，表示自己捲起袖子創業，不如與人合夥，藉由別人的福氣，分一杯羹。

(6)、歲限的合夥宮與財帛宮重疊時，就表示了我若想賺錢，若不是向熟識朋友賺取，就是找些朋友一起來賺，即託他人之福，自己也發一點財利。

(7)、對合夥有利作用的四化星，以化祿和化權星至關重要，化忌星則具有致命的危機。

八 僕役宮

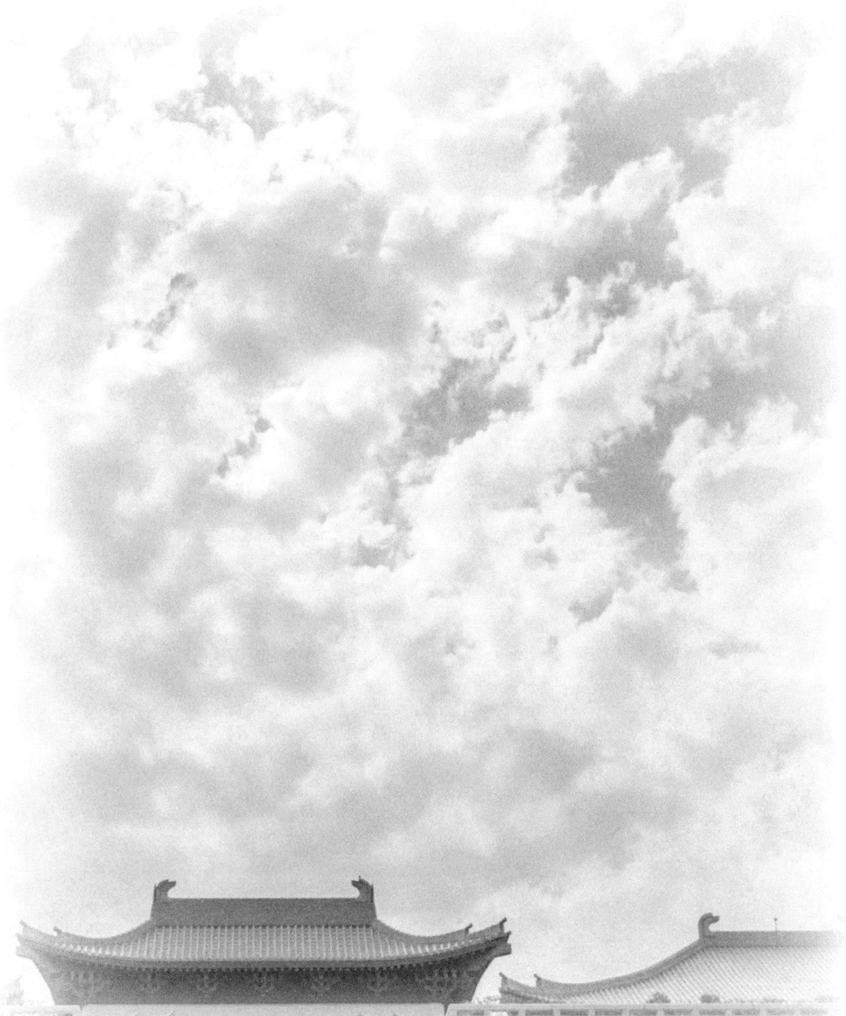

九、官祿宮

九 官祿宮

事業宮古稱之爲官祿宮，從字義來看，「官」代表名、權力、社會地位、社會階層，「祿」代表利、報酬。人性的名利慾望，是永遠無法滿足的，而且一個人的名利並非天生註定，是有其條件的。探討官祿宮，並不是教人不擇手段爭取名利，而是在於取之有道。名利並不代表罪惡，也不等於成就，不過在適當時機將它當作一種激勵人心，或努力工作的報酬，相信每一個人都會額手稱慶的。

淡薄名利，雖是少數人的想法，卻也是對社會、人事一種無力感的現象。乾隆皇帝下江南時，看到百姓行人忽忽，忙忙碌碌，就問大臣劉墉，這世間都分成什麼人，劉墉不假思索立即回答說，只有世間兩種人，一個叫名，另一個叫利，乾隆皇帝聽了點頭哈哈大笑。事實上，名與利根本是分不開的，世間人無不竭智盡力地追求名利，只不過官吏、藝術、作家，大多是由名求利（有名氣就有財氣），餐飲、農產品、生意人，卻是由利求名（如古之捐錢買官）。

官祿宮，無論再怎麼細分，亦不外乎以財富、地位和權力三者爲主要。尤其是權力，不但具有保障財富或地位的作用，甚至可以保障生命。一個人能成爲達官顯要，不管是文武職務，不能單純的以官祿宮來看，最重大的關鍵，往往是在於命格上的根本條件。一個成功的企業家，一定有他命格和行運的條件，而一輩子當上班族的人，也同樣受到命格和行運的限制。

官祿宮，專門探索命造者對事業經營、執行或開創，以及謀略方法、工作能力與持世的態度，搭配命宮可看出一生比較適合的行業，和對工作環境之喜惡。其三方諸星結構，固然是用來探討一個人，在事業上能否有傑出的表現，以及將來成就高低的論述重點。但其眞正的功能，只是代表這個命造者，對於事業上的一種「意識型態」或「潛在能力」的內心想法。

從官祿宮的格局，依悉可看出一個命造者，一生可以從事的行業，會有許多種類型，但可能傾向、偏向、或特別喜好某種行業，不過只要選擇其中之一項行業，即符合命格上的條件。但並不能鐵口直斷，這個命造者所選擇的行業，其結果會如何?因為事業的禍福消長，必須要從歲限的行運來推敲，與先天的格局優劣無關連。

行業不確定的原因還有一個，就是影響選擇的主客觀因素，包括個人性向、專長、家庭背景、社會趨勢…等。原則上，當行業的類型與屬性與自己命格的屬性愈接近時，興趣會愈高，一但做起事來有如魚得水，如鳥歸林的快樂，不但愈做愈有興趣，而且能做出成就感；反之，則否。

一個人成功的事業也得後天吉運程來配合，才能坐擁半壁江山，沒有一個企業主、大財團、大成就者，不受行運的庇蔭，才能趁勢沖起，如後天運程不助，當然成不了氣候。

林註：

如果將事業宮侷限於選擇職業的參考而已，未免太小看了該宮的功能，如一個企業主所經營的事業，需要擁有身分、地位、權力來鞏固它，因對內得管理好員工，對外得懂得行銷策略，兩者都須要靠睿智來處理，這種智慧的充分高度表現，就叫做「謀略」。

俗語說：「水往低處流，人往高處爬」，一個人想創造出一番事業，就必須要做長期的計劃，然後一步一腳印，慢慢地往上爬，一但時來運轉，風雲際會，即能名利雙收。如只顧眼前，貪求近利，隨便找個工作糊口，一輩子都不會有出息的。

官祿宮坐守星曜的特性與格局，代表這個命造者的人格、興趣、喜好和社會地位，或是具有何種潛能力、特殊技能、及職業價值觀。雖也可看出選擇適性的職業，但並非只用一、兩顆星曜的五行來選擇職業。

大致上而言，從官祿宮的星曜，可凸顯出命造者的管理能力，處事的方法，以及職場工作的態度。如逢化祿、化權星時，主其人有兼差、雙職的傾向。大抵上，化祿星重視將本求利，化權星注重追求權力，化科星則傾向求名。（如：天梁星重名、紫微星重權、武曲星重利。）

先天命宮若屬於強勢動態的星群，而官祿宮卻呈現弱勢，暗示這個命造者，心有餘而力不足，不管做任何事，成功並非一蹴可幾。（其它宮位亦同此判別）

先天的官祿宮，遭忌煞星沖，顯示這個命造者的毅力不足，心神不寧，坐立不安，深覺前途茫茫，難免影響工作情緒，故無法久居一職。

大限的忌星若沖先天官祿宮，往往會改變這個命造者，在這個十年的運程中，內心常思脫離目前工作的潛意識。

大限的祿星照曜大限官祿宮，代表在此運程中，時機成熟，帶有嶄新事業的訊息，一旦付諸實現，新事業開花結果的機會，八成如其所願。反之，官祿宮不見祿星，表示投資報酬率不高。（流年同此論）

大限的忌星沖射大限官祿宮，顯示此運程的事業極易失控，內心多浮動不安，無論是對事業的執掌、經營、創業，一定帶來不良後果的。當大老闆者，不宜親自掌控事業，最好交給信任適當的人，全權處理，才能化險爲夷。上班族者，因無法獲得升遷、調職，所以多有「換頭路」的心態，不過情況不妙，經常是換一家倒一家，搞得信心全失。筆者通常會建議客戶，此時最好稍安勿噪，以靜制動，所謂：「滾石不生苔」是也。（流年同此論）

林註：

(1)、先天的官祿宮格局不佳，夾宮又不好時，內心會極度的不安，最好是保守謹慎，當個上班族就好，創業少考慮爲妙。如太陽星化忌在官祿宮，又被流羊、陀羅星所夾，在職場工作上易遭到嫉妒、排斥，亦有可能是同事在扯後腿，嚴重者甚至有訴訟官司。

(2)、一個掌握大權或有影響力的人，官祿宮三方諸星的結構，正可以顯示出他能影響某方面的情勢，但必須只能單做一項專業性的工作。

(3)、先天的官祿宮組合欠佳，後天行運的官祿宮再有瑕疵，往往會使此大限的事業，處境艱難，容易招致過失。所以一個成功的事業，若完全由機運得來，而不講求智慧的運用，難保時運一過，還能維持事業於不墜。

※因命理本就具有「延續性」的功能作用，所以在推論新大限期間的工作情況時，就不能把上一個大限期間，所形成的吉凶現象，可能會影響到下一個新大限的運勢消長，完全置之不理。

(4)、官祿宮三方諸星與對宮強旺，代表這個命造者，此生將有的成就量(或是工作量)，企圖心大，意志堅決，戰鬥力十足，多半想擁有事業，如果又成格局(含異格)，假以時日，可望功成名就，名揚四海。也主其人與上司相處關係良好，頗能得到上司的賞識，提拔升遷。俗話說：「得人疼，有頭家緣」。

反之，若宮內無主星，或三方諸宮有二宮無主星，顯示此命造者極爲弱勢，毫無事業野心，不可以創業，如能獲取一份職業，當個上班族，就該心滿意足，謝天謝地了。

這種人的行政能力差，也難以下屬相處，或者溝通不良，而且工作也不太穩定，因此不適合當部門主管，也不宜做內勤的工作。最好以從事業務工作，或成立個人工作室，較為適性。（若遷移宮三方星曜強旺，則是個業務高手。）

宮祿宮的各種情況大約分析如下：

(1)、官祿宮三方格局，可看出工作與考運如何。一般的考試是最直接的，憑的是實力有多寡的問題；而考運則是間接的機運。全看考運而忽略實力，就算考入理想學校或公民營機構，一旦註冊入學，報到上班，方始知道實力才是最重要的，機運則是瞬息萬變的。

(2)、如尚未考入公司或學校時，得看科甲之星的天魁、天鉞星。一但考進理想學校或公民營機構後，想要加官晉爵，或學業成績想突飛猛進，則必須看科甲之星的文昌、文曲星。大致上，最喜三方再會逢祿存、天馬星，則考運、升遷易如反掌；若天空、地劫星來沖，主考運欠佳，或換了工作以後每況愈下，甚至薪資減少。

(3)、從官祿宮的格局，可以觀察出生意人，在事業上的種種投資，能否順風順水的發大財；上班族者，會不會有轉職、異動、陞遷、加薪的傾向。簡單地說，若是祿、忌星在官祿宮三方交替，會對工作環境有種不安全的感覺。

(4)、台日、港澳、星馬地區，也有人用官祿宮，來看配偶的長相及個性，以及父母的風水寶地。不過其準確率是很低的，所以我們始終都棄之不用。

(5)、官祿宮坐財星化忌，如武曲、太陰星，就算找到工作做，若不是嫌待遇太低，就是工作性質與他的個性，扞格不入，常思「五日京兆」，而無法做的長久。

林註：

如要細分職位陞遷，是繼續呆在原單位，還是外調到別的部門，通常有以下這些情形發生：

(1)、財帛宮：通常反應在薪資的調整上，原職位並不動；或者反應在原來的職位，只是職位加級而已。

(2)、官祿宮：一種是反應在職位升級上，如由課長晉升爲經理。另一種是平調，只在原單位調動而已，有時候只是佔肥缺，但並非升官，甚至是被打入冷宮，只能幹個無關緊要的閒職。

(3)、遷移宮：則看能否調離原單位。典型升調的看法，是要官祿宮與遷移宮兩者一起合參。至於能否外調到別的單位、外地，原則上由流年來推論就可以了。

「跳槽」↓是件小事情，用流年官祿宮三方結構，來判斷吉、凶即可。但若想看跳槽後的事業運如何？新老板會不會垮台？會不會再度掛冠求去？那就要斟酌大限官祿宮的三方狀況如何。

「轉業」↓是指命造者由一種行業，轉到另一種完全不同的行業，那就要參酌大限的官祿宮。

「創業」→首先要看先天命宮的格局，是否適合創業以及做哪一種行業，才能發揮得淋漓盡致，錢財滾滾而來。此時歲限「財帛宮」在行運中的興衰，必須一併考慮進去，方可論斷。

「升官」→只要瞧一瞧大限或流年，官祿宮的三方諸星情形，即知能否晉升。另一看法是，如先天田宅宮見忌星，而本命或官祿宮見科、權、祿星(三奇嘉會)時，表示會升官。

(4)、命宮與官祿宮三方諸星格局，雙雙呈現弱勢，絕對不能跳出來創業，也別衝刺太快，否則會兵敗如山倒，血本無歸，最好當個上班族就好。

(5)、論斷一個人的事業而言，若為單純的上班族，除了先後天的命宮以外，就得以先後天的官祿宮為論述重點。至於一般做生意者，則必須兼論財帛宮，因投資自營事業的財源，乃來自此兩宮方面的財。

(6)、但對獨資做大生意的大老闆而言，則又需要再加看田宅宮與福德宮的強旺與否？才能判定他可營運資金的豐足與短缺。如歲限田宅宮佳，就不會有資金匱乏的問題，因不動產可以用來融通資金。

若歲限福德宮不佳，代表投資營利事業的獲利，大多是歷經艱辛才得到，並不代表賺不到財利。（此與純投資者的福德宮，論法完全不同，要分出其中的差別性在哪。）

※一、官祿宮三方組合吉利，且無煞星混雜其中，代表商品的銷售，會以追求高品質為目標。二、財帛宮和官祿二宮，又見化祿或祿存星者，所追求的將是生產高利潤的產品路線。三、福德宮又逢祿星者，有如請了財神爺看管財務，被倒帳的機率，可以減至最低。四、加逢「祿馬交馳」格局，不但能貨暢其流，而且貨款更能夠快速回收。

(6)、紫微、天府星屬於中天星系，此二星坐命之人，雖較沒有職業上的限制，但最好還是當個上班族爲宜，因命格高不怕升不到好職位。若出來經商，事業成敗得失，一去一來，恐怕很難估計。

(7)、對擁有專業技術人員而言，只要官祿宮格局優，而田宅宮格局劣時，錢依然可以慢慢賺回來，也可累積龐大的財富。

(8)、十八顆正曜主星，和左輔或右弼星，同臨官祿宮且三方結構佳，通常有經營多重（種）事業的傾向。

九 官祿宮

十、田宅宮

十 田宅宮

中國人對田園土地的思維模式，一直存有一種「有土斯有財」的觀念，因有土地才能耕耘農作物，也才能養家糊口。但隨著時代變遷，社會結構與經濟的更替，尤其是現代社會田宅宮成了房屋、土地的代名詞。所以，已經不再侷限以土地爲生產的主要目的，而是視以擁有房屋、不動產（土地）爲聚集財富的一種手段，這也是很多人一旦賺了錢以後，觀念上總想要投資、自購不動產的誘因。

雖然人人都想擁有房屋、不動產，不過從斗數的角度來看，一個人能否擁有不動產，與田宅宮的興衰有很大的關係。如田宅宮三方興旺的人，很重視家居生活，在房地產方面，無論是置產或投資發財，比較有強烈的企圖心，也都能做出正確的判斷，所以不僅置產順心如意，也會重視不動產的擁有。

反之，田宅宮三方弱且呈現凶象、惡格的人，對於置產或投資，根本毫無興趣，因此置產非常艱辛、困難，一旦置產或投資，必然做出錯誤的判斷，以至虧損累累。

以斗數分類來看，「命宮」屬於動態的「殺破狼格」之人，其「田宅宮」必屬於靜態的「機月同梁格」；反之則顛倒來看。換句話說，命宮屬於動態者，絕大部分的時間都在外奮戰不懈，事業變動也較為頻繁、且人來人往交際應酬多，回到家裡已經疲憊不堪，只想好好休息，自然就懶散了，正所謂：「出外一條龍，在家一條蟲」最佳的寫照。尤其是，因為日月奔波忙碌，在金錢上的支出會比別人多一些，相對的開銷愈多，其置產能力愈是薄弱，要累積財富置產，殊屬不易矣。反之，論法類同，但是變成：「在外一條蟲，在家一條龍」。

※至於田宅又區分成二種：

田：指土地及土地上的出產物、改良物。

宅：可視作土地上的定著物及建築改良物。這兩項皆屬於不動產的範疇。

也就是說，一個人是否財庫豐盈，富貴與貧窮，能否置產或投資機會，田宅宮的旺弱吉凶，扮演著一個非常重要的關鍵。據經驗所知，凡是因繼承家產而成富者，或是諸凡鉅富的命格，先天都擁有極佳的田宅宮，也都能經由歲限的運程，不斷的置產而累積龐大財富。

通常先天的田宅宮，非指一般想像中的祖產、財庫、房地產，而是統稱為祖基，這是個抽象名詞；或稱之為祖居，意指祖德留風，則是個具體名稱，也就是祖厝。可看小時候出生的生活空間與成長環境，和屋宅四周景物，以及一個家族的盛衰、家庭人際關係的互動、和宗親們是否有向心力、歸屬感等，亦可看出房屋的修繕、甚至資產的增減。

也就是說，先天的田宅宮，所彰顯的是本人與祖厝的血緣關係，並非是本人住宅的榮枯，這個觀念務必牢牢記住。亦可探索能否繼承祖產，或在分產過程中手足的感情如何，亦或能否自置田產。如果是租賃房屋、辦公室、廠房製造業者，可看地點是否適中，交通是否便捷，四周環境是否清幽…等外在條件。

林註：

先天的田宅宮，若被大限化忌星沖破者，或者是先天、大限的田宅宮，雙雙見忌星時，則大多會離開出生的血緣地，而移民到另一個國家，而非是從台北搬到高雄這種小事，至於移民他國要在哪裡購屋，則看行運中的化祿星所在方向。

大限的田宅宮，被視之爲財庫，因田宅象徵一個人的家宅，不管家人是做生意，還是個上班族，一旦賺了錢或領了薪水，就會拿回家來改善物質生活，所以更進一步被引伸爲藏財（庫藏）之所。

因此，大限的財庫，見祿星則庫旺，此時可做長期性投資（但回收較慢），或購置不動產，以財滾財方式，可迅速累積大財，一生衣食無缺，成爲一方富豪。至於流年的田宅宮，主掌當年所買或賣不動產，的價格高不低，與購屋的四周環境如何。

大限的財庫，見忌星則庫破，財庫有破，左手進財右手出，當然難以聚財，也發不了財。通常也暗示一則經常搬家，居無定所；二是出差頻仍，遠赴外埠，四海爲家；三則對生意人來說，庫破主財務結構脆弱，可能周轉不靈，導致有破產、倒閉的危險。※在這種情況下，如果流年想結婚，可能來自於家裡的反對。

不過，田宅宮除了爲藏財之所，和購置地產外，舉凡大宗貨物、五穀雜糧、生產原料、半成品、成品的貨物，皆以本宮爲論述的重點。

當本命、大限的田宅宮，三方星群組合吉化，又有祿星高照時，成爲一方鉅富的美夢，將指日可待，命造者有無置產實力，一目瞭然。若先天田宅宮無主星，或主星化忌，又會沖太多煞星，等於祖居破碎或祖基無靠的象徵。也暗示這個命造者，有強烈的離鄉背井意識，即留在故鄉不如外出打拚，也代表所賺進來的財富，無法悉數留住。

如歲限的田宅宮逢祿星高照，或被雙祿夾輔時，經常居住的地點有可能想異動，因此外出或離鄉背井的機率，就比較一般人高，不過以現代的社會環境而言，不一定就非得離祖不可。如命宮為「殺破狼」格加煞，並非就得離祖不可，必須加看田宅宮的結構，才能下評語。

至於一個人要不要棄祖離鄉，在現代社會是可以充分自由選擇的，社會新聞不也是經常播出，年青人為了圓自己的理想，返回故鄉用無限的創意，努力奮鬥不懈嗎？

不過，歲限的田宅宮有忌星盤踞，而遷移宮又遇忌星時，出門在外要小心意外災難。若遷移宮見祿星時，即使在家也閑不住，常把家裡弄得亂七八遭，成天往外跑，多想離鄉背井，往他鄉發展，是個追夢者。

先天田宅宮佳，後天田宅宮凶，其吉凶分辨方法，要看大限的命宮如何？若大限命宮吉化，則田宅之庫的吉象，乃於艱苦之中累積；若大限命宮為凶象，則田宅之庫，再多辛苦，也無法累積財富。

田宅宮爲一切投資之本宮，主投資者把擁有的財富，投入自己經營的事業上。如先後天田宅宮三方諸宮吉化者，大可做中長期性的大額投資，但須以大限的田宅宮爲主軸。因大限財庫的作用，會顯示出經營者的資金充裕與否，以及資金調度是否靈活，但並非是指現金存款的所在宮位。

如三方諸宮及對宮遭煞星沖擊，當老闆者，有資金短缺或周轉不靈的困境；爲上班族者，有可能因經常出差、旅遊，而額外多花費金錢。

大限的田宅宮，不一定關係著錢財得失，有時會反應在這個命造者，所居住周圍環境的好壞，以及有無搬家、外派之象。此時必要兼看官祿宮如何，因爲有些人的遷居與事業有關。如外務員、導遊、船員、飛行員、外交官…等。所以特別要注意，搬家不應從先天田宅宮下手，而是要審察大限田宅宮的情況而定。

林註：

(1)、大限的田宅宮，才叫「後天財庫」，較偏向於不動產方面，是靠自己努力打拚辛苦得來的；若三方諸宮吉利，多能儲蓄財富，只要資金充裕，就對買不動產有強烈興趣。除此之外，若長期投資股票、期貨、債劵、黃金、地產…等，慨以本宮爲主，至於能不能投資海內外，除了看本宮外，尙須斟酌遷移宮的情形，以此二宮來判別得失。

(2)、本命、大限的田宅宮俱佳時，財庫旺盛，荷包充實，大概就會在這個限運裡置產，再選個好流年來置產，則有意想不到的利益。

(3)、流年的田宅宮，三方諸星若是吉象，銀行雖有存款，可不一定會置產。

第一、要看有無進入大限的三方宮位。

第二、如流年走回到先天的田宅宮，在這種情形之下，就容易有置產的念頭及衝動，也多能買到好房子，若是投資房地產，買賣交易的機率也跟著提高。

第三、也有可能會變更居住處、或室內外重新佈置、裝潢及增建、改建…等。

(4)、凡以商業或工業上用途，而開店面、設立工廠、公司行號…等，這種向他人租用建築物來使用，必須以「事業宮的田宅宮」來看，若以自己的房屋做店鋪，也是如此推論。假如流年事業宮的田宅宮，若又是本命的田宅宮，很可能是住家兼辦公室，也就是以廠爲家。

(5)、建築業買進土地，必須先取得土地原料之後，才能蓋房子當「商品」來銷售，因土地會直接反映成本，所以建商能否取得土地，必須看本人流年、大限的「田宅宮」。至於房子賣的好不好，就得看「事業宮」，利潤的高低則看「財帛宮」。這是在做命理分析所採用，「定宮位法」的最基本原則，因爲這不同於普通單純的土地買賣，乃屬於職業上的報酬。

林註：

從事建築業或房屋仲介買賣，所銷售的商品，就是房屋，這屬於不動產，有些習斗數者，認爲應看田宅宮。但以房屋銷售爲業，此屋子即爲商品，屬於財貨，所以必須看「事業宮」才對，畢竟這跟變賣祖產不同，這觀念得釐清。

(6)、建築商本人命盤先天的田宅宮，如被主吉星曜夾輔，大可藉助別人的土地，來開發自己的事業，所以最好採用「合建」的方式合作，創造雙贏策略。

如果有繼承祖產的話，一旦先後天的田宅宮，呈現雙重的凶格，很難保留他所繼承的不動產，也有可能賣盡了祖產，變成無殼蝸牛族。

(7)、行運走第一或第二大限的田宅宮忌星被沖破、或侵入先天的田宅宮，則祖業必然凋零，可能被父親或祖父變賣殆盡。也可能因都市計畫的關係，被劃爲道路或公共事業保留地。如公園、運動場、停車場…等，而被政府徵收。

反之，大限的祿星一直進入先天的田宅宮，代表祖業一直不斷在漲價中。所以先天田宅宮有吉化，特別是祿星飛入，並不一定能得到祖產，要參酌第一或第二大限的情況，若再輸入父母親的條件，則更靈驗。

※特別是祿星入先天田宅宮，大多對祖上產生一種依戀之情，落葉歸根的心很

強烈，若他鄉奮鬥有成，必然返鄉回饋鄉里，是個想厝的人。

(8)、透露一個祕訣，先天田宅宮三方諸宮的作用，是用來觀察買什麼地點，才是合宜的住宅。而大限田宅宮三方諸宮的吉凶作用，是看此限有無能力置產與否。

※先天田宅宮三方諸宮結構若佳，好是好，但若無財帛、福德二宮的鈔票進來，想購屋置產，有如南柯一夢罷了。識者說，大限的田宅宮，當做是十年的財運來看；流年的田宅宮，則是用看家運、宅運。

(9)、原則上，在流年田宅宮祿星高照時置產，以後比較有增值的空間，如在往後的流年化祿星，又陸續飛入當年購屋的田宅宮時，則於該年出售房子，大可賺取可觀的利益。反之，如於忌星入侵的年份置產，又在往後的流年，又不斷的遭遇忌星沖擊，當年購屋的田宅宮時，如果是自住就無關價格漲跌，若是置產的目的，是想期待漲價時出售賺錢，一旦在這種情況下售屋，不僅賺不到利潤，甚至賠錢了事，俗云：「偷雞不著反虧一把米」。

有些派別認為，先天田宅宮逢忌煞星沖破，主有意外災厄。而流年田宅宮逢忌煞星坐守，屬於內在的變動，如室內重新修繕，裝璜⋯；等若三方遇忌煞星來沖擊，屬於外在環境的影響，如住宅附近在施工、挖馬路、拆違建、蓋大樓⋯等。

田宅宮的各種情況大約分析如下：

(1)、一般來說，忌祿星沖擊流年的田宅宮，此時命造者的心思，多有買賣房地產的傾向，以及今年有無福份、財力，自置產業或者投資房地產。至於流年的田宅宮，隱約可看出一些細小的不動產交易情形，大致上有四種可能性：

第一、意味著自有資金不足，需要大筆舉債、付貸款利息⋯等，這些壓力恐怕會讓命造者，欲購屋宅時，一直反覆猶豫不決，最後終於打退堂鼓。

第二、此時所洽談的房屋，多半是格局欠佳，外觀環境惡劣，荒涼偏僻的地方，或是尚待開發，窮山 惡水的地方，將來若想出售賺取差額，究竟不太樂觀，終將是空笑夢一場，甚至忍痛賠錢出售，那可就虧大了。

第三、如田宅宮三方諸星吉，又逢祿星照耀，屋宅的格局大多窗明几淨，山川秀美，景色十分優美的好房子，且在討價還價上，有很大的彈性空間，選擇性也較多，多能買到吉祥的房子，不僅具有保值性，日後增值會更快更高，一旦想轉售也容易獲利。

第四、一旦雙忌夾制田宅宮，多主命造者阮囊羞澀，連自備款都繳不起，更不可能自置房產。也就是說，無錢供養一間房子。

(2)、個人想置產，除了大限的田宅宮，三方要有吉化外，亦可參攷一顆小星「孤辰」，此星除了略帶孤獨之外，在田宅宮主「分炊」，代表獨立購屋去也，但要參攷財帛宮的情況，才知有否實力置產。

(3)、如先天田宅宮忌煞交沖，家中別養貓、狗、鳥、魚…之類的寵物，很容易會死亡的。畜牧業及養殖水產業者，要做好對養殖物的疾病控制，養殖場的衛生保健，以及注意水質的污水處理。

(4)、不管已婚、未婚，田宅宮對女命而言，有所謂「主中饋」之稱，若三方諸宮吉星成群，通常很會整理家務事，家中打掃的一塵不染，且家人都很有向心力，若有親朋好友到家做客，也會熱情招待讓客人有賓至如歸的親切感，也擅長於烹飪料理（男命若此，亦同此論）。反之，若諸凶成黨，就不擅於理家，或者懶得煮飯。

對已婚男命而言，大概也比較不在乎，家裡是否整理的井然有序。要是個羅漢腳（光棍漢），不僅他的住處，連上班的辦公桌，也必定雜亂得比狗窩還不如。

(5)、本命田宅宮，巨門星「化忌」坐守，而大限遷移宮又見「化忌」星時，不宜進出墓園、陰地（廟）⋯等污染源之地，很容易被靈界入侵，俗稱：「卡陰」。

(6)、田宅宮旺的人，稱之為「富有之人」，古籍有「日月照壁為富命」的說法，但必須太陽、太陰星在田宅宮，或從三方照射，才算。而財帛宮旺的人，稱之為「有錢人」。

(7)、對於傻瓜的理財術，只要鎖定田宅宮就好，因本宮乃是攸關長期投資，能否勝出的重點宮位。如果三方諸宮吉化，又對基本面盤有所研究、了解，那麼就儘管長抱無妨。反之，財庫破損的人，最忌諱從事長期投資，及回收慢的行業，因賺進來的錢永遠趕不上虧損，除非有雄厚資金做後遁，才能捱得下去。

(8)、桃花星之一的紅鸞星，亦主橫財，宜入田宅宮，三方諸星又吉，主田產滾滾而來，尤其是從事房仲業者。

(9)、利用斗數田宅宮坐向定宮位，可探討陽宅和祖墳風水的興衰，的確有其功能存在，但有一定的範圍，不能無限膨脹。如流年已購買屋子，就將流年的田宅宮定為該屋的宮位，以本宮做為室內格局的規劃與佈置，夾宮即為左鄰右舍，三方可當附近環境來看。不過習斗數者必須要精通堪輿學，並將兩者融合運用，方可採用此法，若是不懂風水羅經之人，最好別亂使用。

(10)、田宅宮三方結構劣，又遭遇煞星夾制，家中要慎防小偷入侵。（小偷與福德宮位無關）

(11)、香港紫微楊的書上提過，一個人有重病或死亡徵兆，田宅宮會出現凶象，需要用玄空風水學來化解。此事若屬實，那幹嗎浪費時間習斗數，直接學風水學不就得了！又如南北兩派的斗數，皆以主星的曜度以及流羊、四化星來論。如流羊、忌星入本命田宅宮，北派，認爲宅內人口有遷動之象；南派，則認爲未必會外出，而是代表家中人口，有不太安寧或有刑剋的現象。

十一、福德宮

十一

福德宮

一般學斗數者，習慣將福德宮當做是「偏財」，及聚財宮位，亦即不勞而獲之財、非份之財、或是意外之財。坊間斗數界都將本宮，視之爲人之所欲的所在宮位，代表一個人的興趣、傾向、以及沉迷在其中所得到的享受、快樂感覺，而快樂亦屬於精神的享受，有人喝茶、咖啡、泡溫泉、吃大餐即滿足，有人卻覺得出國旅遊、收藏古玩才會心情逍遙自在，多因人而異，沒有一定的標準，那麼究竟是滿足或自在，則要看福德宮內的星曜如何，方略知一二。

但亦有些人，將福德宮稱之爲「福報宮」、「祖德宮」，認定該宮源自於一個人的先天因緣果報，是先天註定的宿命，無法更改，惟有有福有德之人，才能有大福報。且認爲女人以福德宮爲首要，原因是當女性出嫁從夫後，能否相夫教子，享受清福，端視福德宮的好壞如何？個人無法認同此宿命的論述，概推演命盤具有時空背景，除了先天本命外尚有行運歲限的消長，這種只溯往不顧前的，有如澎湖的鬒倒退嚕也。

「福德」這二字感覺上較爲抽象，很容易讓人產生遐想、迷惑、虛無縹緲，故不易由字面上去瞭解其義。由於福德宮與財帛宮遙遙對照，互相感應，所以有人認爲財帛宮是用來看物質上的層面，而福德宮則直接反映一個人一生的精神世界，故有精神與物資的二元對立說法。不過，我個人認爲福德宮既然被視爲財源，就應泛指來財的方向、種類。也就是說，一個人要選擇哪種方法去規劃投資，才能有利可圖，進一步獲取財富。因福德宮之財，是屬於自己的，有權利決定或支配其用途，所以被視爲投資動產或短期性投資的宮位。

原則上而言，本命福德宮的功能是探討，一個人的性向、心態，涵養、品德、品味與價值觀。主先天與生俱下來的思想意識，情緒表現，以及外人所看不到的內心精神狀況層面，是僅次於命宮的一個重要宮位。

如七殺星入福德宮，這種人一生大多閒不下來，無事也瞎忙，也不知道在忙些什麼？天機星入福德宮，則是意念轉個不停，腦筋廿四小時不斷在思考。又如被忌星沖破，就會產生精神狀態游離，若再輸入父母親的遺傳因素，則益添其凶象。至於大限、流年的福德宮三方星群組合，則用來觀察這段時間的情緒穩定與否。

又如宮內主星曜屬於浮動性的，又被陰煞與華蓋星夾輔，主其人的第六感及預知的能力會很強。若被双忌夾，甚至有可能被鬼魂干擾。若天機、天梁、火鈴、陰煞、華蓋等星，在三方及對宮會照白虎星，可能有「陰陽眼」，常會見到無頭的陰魂。福德宮有華蓋、疾厄宮有陰煞，這種人天生就有敏銳的感應，有可能是個「通靈」者。（命宮亦同論）

也有人認為本命的福德宮，是一個人「福、壽」的根基，專門用來看「福、祿、壽」的宮位。如三方諸宮吉星多，代表福自天來，少做多成，一生衣食無缺，相當有「偏財運」。尤其是，有天德星或月德星，並有祿存星或化祿星同宮時，此時的求財心態也極爲強烈，可以放心大膽投資，大多可開拓兩種以上的財源。

這種人雖然憨人有憨福，可享受錢財的滿足感，卻很怕麻煩上身，也不想承擔責任，有時缺乏憂患意識，更不會防人，一旦歲限行運不佳時，那可就危機四伏了。

反之，三方諸宮煞星群集，比較不會「用財求財」，則不宜與人有金錢上之來往。也主其人東做西不成，進財來源受阻，來財飄忽不定，通常是勞心、勞碌、煩心，是個無福享受之人。

如福德宮三方煞星群集，等於財源微破，進財有阻，來財不定，有時很多，有時很少。但若本宮三方諸宮強旺，又會沖煞星的人，財源極爲廣泛，有可能財通四海，大多敢於披荊斬棘，勇闖天涯，什麼錢都想辦法去賺。

反之，該宮三方呈現微破，只見吉星輝映，全無煞星來沖起鬥志的人，大都缺乏冒險犯難的精神，一生能夠賺少數一、二種財，已經心滿意足了，因此只能當個純粹的上班族。

福德宮的作用，約略可觀察資產與負債的情況，是自己所擁有的呢，還是借貸而來的錢財，說白了就是看現金資產，是增加亦或減少。如三方諸星吉拱，表示現金資產不斷在增加；若三方諸星遇煞星沖，顯示現金資產不斷流失，最後可能變成負債。也就是說，該宮主管先後天所有現金之周轉。

所以說，命造者在福德宮不佳的情況下，冒然靠借貸來經營事業，到最後有可能兵敗如山倒，債台高築，悔之已晚矣！

福德宮也是決定一個人的錢財，是否能留得住，屬於流動資金的「財庫」，主「動產」（田宅宮主不動產）。只要是看現金的存錢能力，和錢財的運用方式，以及有無借貸的風險（生利息），或者在資金調度、籌措方面有否其困度。

※有些人很強調，斗數的福德宮主「壽」，是用來看一個人的壽命，這種說法真的玄之又玄，讓人難以相信。在《紫微斗數全集》書中，就有記載諸星在福德宮的壽元，如紫微廟旺，可以活到八十四歲、天機先難後易，六十三歲、太陽入廟快樂且貴，壽七十、武曲入廟先難後易，沒說能活幾歲、天同壽九十三、廉貞奔波欠安，六十九歲、天府福祿有餘，八十四壽、太陰入廟快樂，貴格，壽七十三、貪狼入廟，有貴有壽，沒說能活幾歲、天相福有餘，壽七十、天梁晚年富貴，沒說幾歲、巨門入廟有貴，壽七十外、七殺廟福壽，陷勞碌，五十刑夭、破軍廟有壽，陷無，也沒說幾歲。這些看來很神奇古怪，因一個人的「定數」，乃為不可思議的境界，我們是世俗凡人，焉能參透生死的玄機呢？

林註：

(1)、據了解得知，一般成大功立大業的征服者，亦或經營事業卓然有成之人，其福德宮通常都不是很好，但爲何能功成名就，名聞於世呢？重點是要看這個命造者，先天命宮三方諸宮的星曜結構，是否強旺、穩定，再加上行運祿星高照，自然一飛沖天，直上雲霄。

(2)、福德宮被定義爲，個人相當重要的「投資理財」宮位，討論的是怎麼去賺錢、如何廣闢財源，該宮包含股票、黃金、期貨、樂透、標會、借貸…等。其最大的重點，是利用既有的財，用錢滾錢的方式去投資生財，並在短期間獲利了結，讓資產無限增值。

(3)、純投資能否獲利，要看先後天福德宮如何，才能下判斷？如三方諸宮優，自然投資報酬力高，肯定有錢可賺；若三方諸宮劣，一但投資將會血本無歸，回收無望。如果命造者有經營事業，這時除了兼看財帛、官祿二宮之外，尚需看僕役宮的先（觀察員工的動態）後天吉凶如何？

(4)、無論先後天，如「福德宮」不佳，「僕役宮」又不吉，在這種情況下，最好不要與人有任何借貸關係，很容易會被倒債、破財的。如民間流行的標會，當會首之人，必會被會員倒帳，會員遇此情況，有可能被會首偷標會、倒錢，而逃之夭夭，避不見面。

(5)、大致上而言，大限的祿星進入大限的財福二宮，暗示這十年內財源美妙，流年的祿星進入流年的財福二宮，代表這一年內，財運增強，這些情況即俗稱的「走財運。」祿星一旦進入歲限的財福二宮，堪稱財運亨通，不過兩者的作用，尚有其區別性：

其一、祿星入在財帛宮，是直接、實質上的財運，如上班族可能會加薪；商人則可提高貨品價錢，賺取更多的利潤，等同是直接進帳。

其二、祿星入福德宮，是間接的財運，輾轉進帳，如加工、代工業，必須在產品完成後，才能與公司或工廠，在核對無誤後，再來算帳。※最好的情形是，祿星在福德宮射入財帛，這叫「財通四海」，暗示短期性的投資行業，有利可圖，以及各式各樣的錢都能賺。

(6)、忌星入福德宮叫做破財，應以求「間接財」或「轉折財」，才是正確的行業。前者，指先服務再收費的方式，如薪水、工資、佣金…等所得。後者，指加工業、推銷業務…等財源。但是忌星入福德宮，會衍生出三種情形：

第一、在這種情況下，不是每一種生意與投資，都能開花結果的，最好以靜制動，別急著做生意，蓋因財源開拓極為困難，進財不是那麼容易，相對地無形的支出卻倍增。

第二、假如胡亂投資，或者是轉投資，定然是肉包子打狗，一去不回，搞得血本無歸。

第三、一旦涉及到財務借貸糾紛，恐怕只有氣得直跺腳了。

福德宮的各種情況大約分析如下：

(1)、有些人自以為是大羅神仙轉世，個人命盤的福德宮，來觀察與祖父母相處情形，即以男命看祖父、女命則看祖母。官祿宮則看高祖父…據此類推上去，就可上看祖宗十二代，如此一來「命宮」即變成上溯的十二代祖宗，那麼「我」不就成為前第十二代祖先的投胎再轉世嗎？這種十二宮輪迴的遊戲，祖變成孫，孫又變成祖，這不是天大的笑話嗎？

林註：

這種無厘頭式的胡扯瞎掰，已經違背命理普遍的常識定律，就算是玉皇大帝親自上陣，也會丟盔卸甲，狼狽潰逃。

(2)、有些人用該宮來可看「性問題」的心理障礙，即雙星同宮，且五行相生順暢，如太陰水星生天機木星…之類，此人一生多無憂無慮，幸福快樂，逍遙自在。至於五行相剋征戰，如武曲金星剋貪狼木星…之類，這種人內心多浮躁不安，凡事舉棋不定、甚至有雙重個性。若又再加上主星曜化忌，或桃花星見忌星時，就會有性心理的障礙。

(3)、福德宮坐祿星，田宅宮坐忌星，主其人寧可花錢去享受人生，也不會想去置產，是沒有錢的有錢人，正如大都會區的人。反之，福德宮忌星盤踞，祿星入田宅宮，想買不動產的意願很高，可是手頭很吃緊，沒有多餘的閒錢來置產，是有錢的沒有錢人，正如農村鄉下人。

(4)、福德宮，如屬於靜態的「機月同梁格」星群，這種人的抗壓力不足，沒有什麼企圖心，因受不了煩惱，只想過太平盛世。若屬於動態的「殺破狼格」星群，主其人的想法會轉爲正向的能量，行事積極迅速確實，不畏橫逆困境，成就自然不在話下。

(5)、先後天的財帛宮格局欠佳，生意人可能有貨款收不到，或變成呆帳。至於先後天福德宮格局呈現凶象，有可能把賺進來的錢，一下子就虧掉，如不正當的投資股票啦，亦或借錢給人，或爲別人擔保……等。易言之，破財要看福德宮。

(6)、一個人會不會發財，端視福德宮、財帛宮及田宅宮，此三宮的格局強弱而定，但必須斟酌經營何種行業，方能下定論，如純用命宮的群組來看，容易以偏概全。

(7)、女命尤重福德宮，因爲是夫妻宮的官祿宮，只要該宮的星曜組合完美穩定，對夫妻宮即有互補的作用。

十二、父母宮

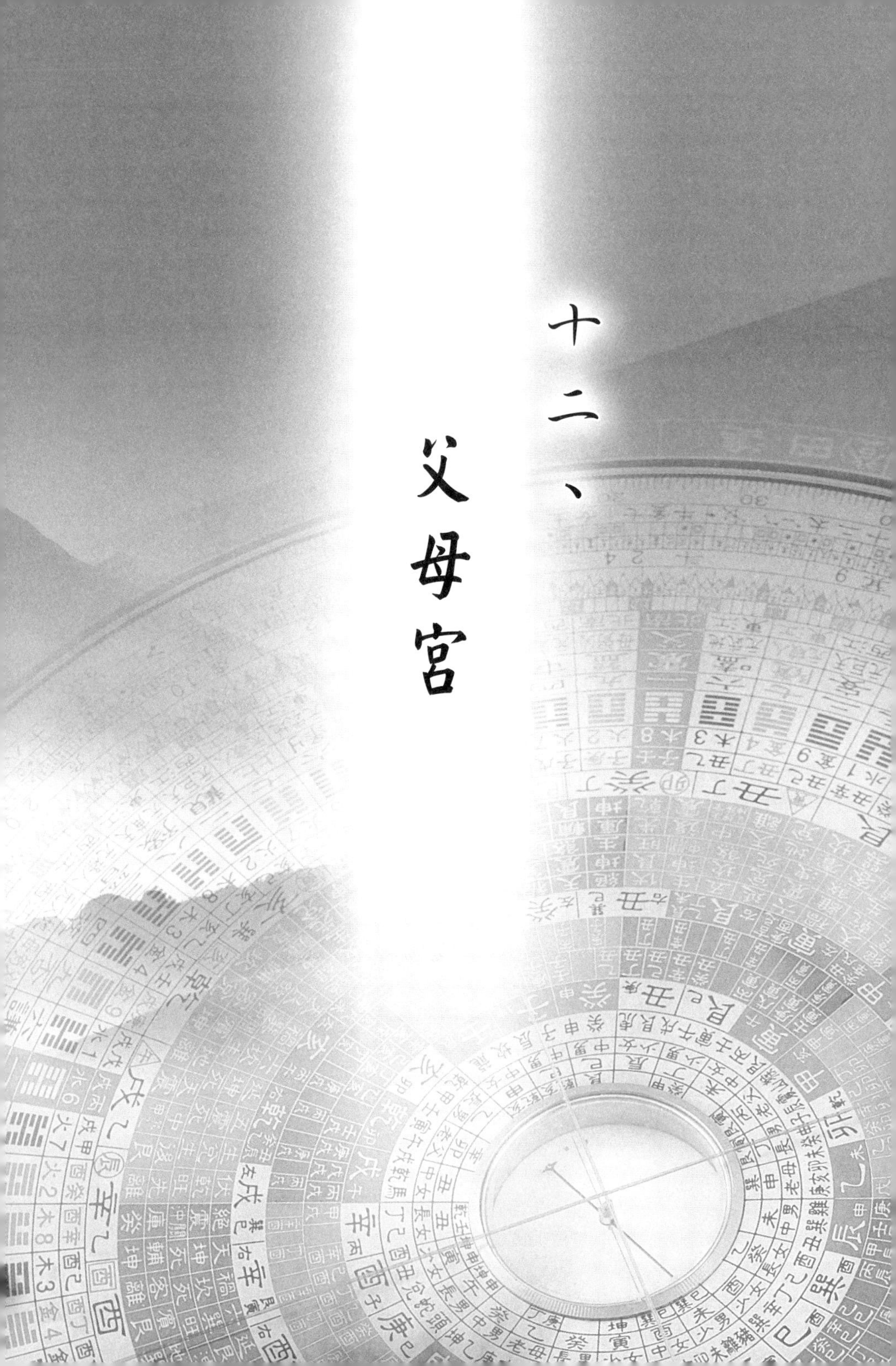

十二 父母宮

父母宮的作用，主要看我對父母的某種心態、或與父母之間的互動關係、緣份、感情…等，而非用來推測父母個人所發生的獨立事項。其基本定義是父母遺傳，一方面代表父母本人，另一方面代表自己承受父母的遺傳。

廣義的解釋，凡是父母所留存下來的，不論是啥事，都算是遺傳，亦可說是繼承或世襲，如天賦、相貌、個性、體質、智力、財產、權力、身分地位、家族企業、先天疾病、甚至我們的生命…等皆是。如企業家、政治家裡，第二代、第三代子繼父業的情形，依然相當普遍存在著，打的不外乎是，經濟遺傳和政治遺傳的如意算盤，直接了當擺明了權力、身分、地位，絕對不會「肥水不落外人田」的原則。

狹義的解釋，相貌是遺傳最顯著的特徵，因此古來命相學，皆稱父母宮為相貌宮，這是源自於《易經》的人相學，以及《果老星宗》。

不過，斗數既以命宮代表自己，那麼我就是掌控一個靈魂的主體，所以這個靈魂主體的相貌特徵，主角當然是命宮，因此一個人的長相如何，必須要從命宮的三方諸星來推敲，並不是由父母宮來看相貌的，這個觀念要牢記。

有些人以子女命盤父母宮的星曜，悉數窺盡父母的健康，生活狀態，及幼年家境，和受庇蔭的程度，這是不太可能的事，準是論命者的意識過度膨脹。其中道理很簡單，假設有子女三人，各人命盤的父母宮星曜，絕對不可能會一樣，這是基本常識，那麼要採用哪一個子女，命盤的父母宮星曜來判斷呢？答案不就呼之欲出了嗎？

而且，父母宮包括了父與母，且針對每一個子女的教育、培養、感情也迥然不同，若硬要辨別的話，還需要輸入雙親的各自條件（用太歲入卦法），方能隱約看出一些蛛絲馬跡而已，單僅憑父母宮的星曜加以推斷，保證如霧裡看花，什麼也看不到。斗數祿命術，雖然可以推測人生的吉凶悔吝，但要用自己的命盤推算，父母親亦是如此。

林註：

用太歲入卦法將王先生輸入，原本就屬於「程式的不可能」的吳先生命盤中，雖然能隱約看出此二人互動的一些模糊關係，而不能像放大鏡那般，很清晰的觀察所有的情況。但在實際的操作上，當我們重排王先生本人的命盤時，約有七成的答案，與太歲入卦法，竟然非常雷同，委實不可思議。

傳統上父母宮，都用來觀察雙親與自己的互動關係，那萬一父親或母親發生什麼重大的事，要如何釐清宮位看待呢？斗數名家紫雲老師，是個命理天才，爲了區別雙親的不同，把父親定位在父母宮，母親則定位在兄弟宮。

理由是來自遺傳學的「受精作用」，父母宮代表父方的精細胞（男精），兄弟宮則代表母方的卵細胞（女血），兩者一結合，必然會將祖先的某些特徵，遺傳給下代子嗣，說白話一點，就是被父母宮與兄弟宮所夾的命宮。在沒有父母親的生辰資料下，我們照此方法試著去演繹，發現的確是可行的一條途徑，紫雲老師這個曠古絕今偉大的發明，使斗數跳脫出古籍的醬缸，讓我們自嘆不如，甘拜下風。

父母宮的各種情況大約分析如下：

(1)、天梁星三方諸宮有吉化＋天巫星，有可能蒙祖先庇蔭、繼承現成家族企業。不過有個旦書，就是必須要輸入父母親的條件，方可知曉能否承繼祖業。

(2)、大限的父母宮，可適爲當年進入企業公司、行號的老闆宮位，如三方諸星曜組合吉祥，代表備受老闆的信任與垂青，大可發揮所長，有朝一日，必能青雲直上，飛黃騰達。反之，該宮三方諸宮薄弱，就算是才華洋溢，努力不懈，也很難得到老闆關愛的眼神。

(3)、坊間也有人用該宮來看學生或公職人員的考運如何，並同時兼看田宅宮的動態情形，因一旦考上了學校或公務員。學生者，可能會遠離家門去讀書，住學校宿舍或在學校附近租房子；公務員者，有可能會被分配到外縣市，上班赴任，不得外地不租屋權宜暫住。習斗數之人，應多方嘗試不同的推演方法，才能增長知識。

十三、身宮

十三 身宮

《紫微斗數》書中安命身宮訣云：「寅正順數正月逢，生月起子兩頭通；逆至生時爲命宮，順到生時即安身。」也就是說，不論男女命，以其生月及生時來安命身宮。通通以寅上起正月，順數到生月，再由生月逆數至生時，安命宮；順數至生時，即是身宮的所在位置。

由此可知，斗數命宮的定位，是使用生月和生時交叉組成的，以命宮爲軸心，與外在三方的財帛、遷移、官祿三宮合稱三合宮，坊間書籍稱之爲三方四正，組成一個強大的斗數基本架構，藉由於此三方結構來觀察一個人生命歷程中的興衰更替，先天命格如此，歲限行運軌跡的吉凶悔吝，自然也是比照辦理。

眾所皆知，「月」是指月亮的圓缺，「時」是指太陽照射到地球的地點。亦即命宮就是日月二星運轉到某個時間的位置，以數學原理來說叫做坐標。更簡單說，月亮照在某個時刻，就是命宮的位置。

至於斗數的身宮該定位在哪裡？在古人推命習慣上，把身宮視同命宮等量齊觀，這很有可能是延續「果老星宗」這本書的一種古制。但我們認爲命宮是命宮，身宮是身宮，兩者之間根本無法等量齊觀。以佛教的觀點來看，「命」是指那基本不變的本質，「身」是指此生擁有的肉體。身是四大假合，會成住壞空，但命的本質仍會永遠存在，繼續往前走，等到因緣假合，又會進入另一個身，再度程現於浮世人間。

易言之，斗數只能探討「今生今世」，也就是說先天的命格結構是否俱足某種條件，以及後天歲限行運能不能充分的把這種潛能發揮的淋漓盡致而已

有些老師會用身宮所在宮位的干支，用六十納音法另起一張命盤（說是地盤）來看「前世因果」，藉此查看此生機緣的來由，即累世姻緣如何，以及一個人深層

的潛下意識，亦即前世記憶，也就是佛學上所說的末那意識。如果命身同宮的話，則改由福德宮，另排出一張命盤，來觀察前世命盤如何。這簡直是錯亂時空，本末倒置了。蓋因前世已成過眼雲煙了，來生的變數如何是沒人可以預知的，我們認爲今生的所作所爲，才是決定未來的去向，此生都尚未結束，又哪有來世可言？

林註：

我們認爲不管使用任何的術數祿命法，主要是想預知未來的人生方向，以方便生涯的規劃，不要老是倒退嚕徘徊於過去，那已經是陳年往事了，早就消逝的無影無踪，留戀又有什麼用呢？太過於強調過去於事無補。因爲後天歲限學習的環境，自己是可以抉擇的，執著於身宮可觀察前世如何，而漠視於此生的重要性，容易誤入斗數歧途，甚至被視爲江湖術士的花招。

雖然《紫微斗數全集》書中，列舉了十幾條賦文，可是卻無明確的交待，身宮的性質與作用是什麼。如「立命便知貴賤，安身即曉根基。」「東作西成，身限逢乎輔相。」「七殺臨於身位，逢擎羊戰陣而亡。」「身遇殺星，不但貧而且賤。」「身宮有太陰，堂上有二母。」…等說法，卻仍就找不出身宮的學術理論。

又如近代的《斗數宣微》說：「人之強弱智愚，決不能齊，即相關於身命也。經云：『身強命弱有負苦，命強身弱亦夭亡』，身命相關，蓋有由矣。」該書作者吳弼卿大師，對命身宮的說法，也是讓人摸不透、看不懂。由此可見，光想從古賦文裡去研判身宮的學理根據，此路恐怕行不通也。

由於身宮的位置，決定於不同的時辰，所以分別寄託居於其它的宮位。如子午時辰生人，身命同宮；丑未時辰生人，身宮與福德同宮；寅申時辰生人，身宮與官祿同宮；卯酉時辰生人，身宮與遷移同宮；辰戌時辰生人，身宮與財帛同宮；巳亥時辰生人，身宮與夫妻同宮。除此之外，身宮絕對不會出現在其它剩餘的六個宮位裡。

所以，我們從不太考慮身宮的作用，因該宮呈現了不確定性，而且被限制在上述的六個宮稱，並非是固定在某一個宮位，因此無法有効來掌握。命盤上除了命身同宮外，身宮大都寄託在其它十一人事宮稱中，但也只不過是在暗示著加重該宮的功能，或許有增強的實質作用，但是根據我們長期的觀察，身宮所在宮位所象徵的事項，頂多可能成爲一生的重心而已。

如身宮在財帛宮，則一生對於賺錢，會特別有興趣，只要能發財，其他就無所謂；身宮在子女宮，則親子互動關係佳，親情濃郁；身宮在夫妻宮，大多以婚姻感情爲依歸，只要婚姻幸福美滿，鶼鰈情深，其它即使一事無成，也不會覺得有什麼遺憾；反之，如夫妻反目，感情破裂，縱然事業卓然有成，家財萬貫，也都會覺得美中不足…諸如此類等。再說明白一點，即身宮入六個不同的宮稱，就會展現該宮的行爲特色，亦即每個宮稱都有其不同的差異性。

一般來說，命身同宮的人，大多言行一致，一諾千金，絕不後悔，且韌性較強，比較樂觀，凡事看得開，且書是命宮要有吉星來襯托。若命無主星者，由於喜歡把生活與精神融合在一起，形影不離，一旦這兩者之間有任何一方面的失調、不平衡，內心就會浮動不安，驚慌的不知所措，此時很容易陷入崩潰的邊緣。

就現象而言，命宮常會凸顯出一個人的內心潛意識，和心裡狀態，以及處理事情的方法，而身宮用來觀察一個人的物質生活和生理狀況，以及傾向於個別差異，也可視為一個人日常生活，所在乎的重心和事項，或者是後天人格的發展趨向。

也有些人認為身宮的作用，是用來觀察一個人的心思與活動，以及如何設身處事、應對，乃為「衝刺星」，看行事的「行動力」，較偏向於具體生活、物質、慾望層面的表現，且具有影響該宮星曜的性質。如天府星坐命宮，而貪狼星入身宮，就會變得能言善道，外憨內精，扮豬吃老虎，會削減天府星的敦厚，這就是身宮的妙用。

綜合各家的言論，大致上命、身宮，不僅對一個人的性格、心性、特質，有著相當細膩的刻劃，且能在歲限運程的轉折中，還能看出一個人在作風上的心態轉變。

如一〇七戊戌年，貪狼星化祿，但在癸亥十月，祿星則變成忌星，此月這個命造者，即有可能會發生某些不順心的事，至於是發生什麼狀況，則必須詳察先後天的命盤，才能下結論。

身宮的各種情況大約分析如下：

(1)、有人說命宮乃是最重要的，為「體」，正如一部車的基本性能、配備、裝飾；身宮則居次要，為「用」，就看你(妳)如何操控、駕馭、保養這部車，兩者密不可分。當命、身宮三方諸星皆不佳時，那麼一生可就處境艱難，容易招致過失。

(2)、有些人認為，命盤上的命宮主先天，看前半生，而身宮主後天，看下半生，並謂先天無法改變（典型的宿命論），而後天可以彌補先天之不足，若此宮凶煞會齊(看先天是什麼宮稱)，主下半生不佳。可是，並沒有把先天和後天，做清楚的分辨交待，因此很難了解，究竟先天、後天到底指的是什麼？若從斗數命盤的命、身宮排法，這兩個都是根據一個人出生時辰所排出來的，因此就沒有所謂的先、後天之分別，命理學上一個說不出所以然的道理，不是讓人覺得很迷惑嗎？持此信念之人，大有可能是：

第一、搞不清楚命宮、身宮、先天、後天究竟是什麼？

第二、凡是在子、午時出生者，必然命身同宮，又那來什麼先天、後天呢？

第三、持此方法之人，簡直無視於每個十年大限的運轉，那還要大限幹什麼！

正如坊間有幾本斗數書籍上說，無論男女，五十歲以後，歲限遇天魁、天鉞二星，會失去貴人力量，反而變成小人，這是什麼理論啊！完全不符合邏輯觀念。

林註：

我們認爲一個人不可能有兩個主宰生命的宮位，所以從來不使用身宮來推論，一向都以大限行運來判斷運程的興衰更替。而且後天的環境，一是可以自由選擇的，二是隨時空背景在改變的，太過強調身宮的結果，漠視時代巨輪的快速變遷，顯然是個典型的宿命論者，勢必被三振淘汰出局。

(3)、命身宮的強弱，其排列組合只有下列三種情形：

第一、命宮強於身宮者，主旺命投身於弱勢環境，如「殺破狼武格」加煞之人，多喜披荊斬棘，勇闖天涯，卻安排去做文書行政工作，簡直會悶死他了，所以常有懷才不遇的感嘆。

第二、身宮強於命宮者，主弱命投身在強大的環境結構中，如「機月同梁文格」加逢吉星之人，多嚮往哉悠哉攸的安穩生活，卻跑去搞生意，開公司行號，或做業務行銷工作，老是感覺被環境牽著鼻子走，卻又無可奈何，常會疲於奔命，有力不從心之感。這也表示後天教育很重要，若能歷經磨練，成就將會更高，即在社會上所累積的寶貴經驗，比在學校所學的知識管用，因而常忽視學校的正常教育。

第三、身命同宮者，主先後天的變化不大，也不喜歡變化大又複雜的環境。

(4)、斗數名家紫雲老師說，命盤使用出生年的四化星，叫做「明四化」，亦可將先天命宮的天干，再飛出另一個四化星，稱為「暗四化」，這是他獨樹一幟的方法。倘若「暗四化」的忌星入身宮，或在對宮沖身宮，一般多主下半輩子辛苦、勞累。

十四、格局的吉凶分辨

十四 格局的吉凶分辨

斗數命盤上每一種形式的格局，都在說明一些特殊的潛在能量，不僅會發生在個人身上，也可能形成在其它的人事十二宮，如夫妻宮、財帛宮、遷移宮、官祿宮……等對象上。在科技掛帥的現在社會，不管是吉格、異格也好，惡格也好，都被視爲與他人競爭的有利籌碼，如果再加上行運順遂，就好像如虎添翼般，每戰必捷，可輕而易舉擊敗對手。

依照星曜的排列組合，基本上分成四組結構，稱之爲「星群組合」，每個組合都是一體論命的，可視爲一個族群不能切割。至於另外的其它種種星群組合，皆是由此基本結構延伸出去的。

一、紫府廉武相格。

二、殺破狼格。

三、機月同梁格。

四、巨日格。

其中的一與二，以及三與四格局類似，所以可能會有重疊的現象，這也暗示這種人，同時擁有雙重性格。

原則上而言，這四種星群組合，雖然具備了某些特質，但並非能涵蓋全部，而且這些特質都是中性的，既無吉凶也無善惡之分別。也就是說，星群組合必須要有六吉與六煞這些輔星來襯托，才能凸顯出星群組合的潛在能量，再加上四化星（尤其是祿忌星）的牽引，才會產生本命局與歲限行運，禍福消長的差別性。

一個人命局中只形成一組星群組合者，就表示這種人擁有一種性格的特質，以及特殊的潛能，亦即具備了發達的條件。不過，仍需要透過學習專業知識，和百工技藝的千錘百鍊，讓潛能特質充分釋放出來，再加上歲限行運流暢，才有成功的機會，並非是在家裡吃閒飯等者，就能夠功成名遂。

如命盤中同時形成兩組星群組合者，也等於是擁有了兩道生命曲線，這種人多半具有雙重個性，自恃才高而目空一切，尤其是會沖多顆煞星時，沖擊之大，會更加凸顯其人主觀強烈，充滿以自我中心的意識形態。至於雙重星群組合者，大都會形成一明（外露於言行），一暗（沉潛於內心），但也有可能兩種都會顯露出此人的性格和人生觀，或許可能兩種皆潛藏不出。

因此，當命盤中有兩組星群組合時，就必須要分辨出到底是以誰爲主，又以誰爲副來。簡單說，當以真正命局成格者爲主，因主導者爲明、爲顯，其它形成⅔或½者，乃屬於不成格局，當居副手，因不成格局爲暗、爲隱。

命盤中的星群組合，大都沉潛於內心的深層意識中，必須要透過歲限行運中，逢祿忌這二星來催化時，這個潛意識才會明顯呈現出來。一般而言，具有雙重星群組合者，大多可以左右開弓、雙管齊下，當此路走不通時，能適時拐個彎，改走另一條活路出來，用條條道路通羅馬來形容，最爲貼切。這種人，永遠不怕被他人或環境打壓、阻礙，始終過的無拘無束，自由自在的愜意生活。

大致上來說，命局星群組合強旺之人，其野心必大，且膽識過人，更喜歡支配一切事項，並熱衷於追求功名利祿，這種人胸懷大志，終非池中物，一旦機運來到，定能一鳴驚人。倘若會照一干煞星來沖激，其情更熾盛，不僅能忍受、接受挫折，一旦遭遇到失敗無情的打擊，肯定會全力抵抗、反擊，變更計策或法度，再度捲土重來，並且能夠堅持到最後五分鐘。

反之，命局星群組合柔弱無比者（含不成格局、命無主星或空宮），其服從性高，多平庸無能，凡事畏畏縮縮，唯唯諾諾，一點主見也沒有。說好聽的，頗懂得明哲保身，不會去自找麻煩，故爲人處世會多方妥協，來滿足對方的需求；說不好聽的，搞到最後連自信心都不見了，甚至寧願放棄自己的信念和理想。縱然三方加會吉星，這種人也不可能去披荆斬棘，赴湯蹈火，只想過深居簡出的悠閒生活。

尤其是，命局星群組合強旺，又形成特別異格者，更是俱足了爆發力，凡事一向劍及履及，從不拖泥帶水，常以摧枯拉朽之勢，迅速攻城掠地，富貴榮華猶如探囊取物。不過，這種人在人生的旅途上，起伏也大，變數也多，雖然能夠在短時間內達到巔峰，但也可能在一瞬間跌至谷底。這其中的吉凶如何分辨，端視每一個大限以及流年行運而定。

從另一個角度來看，命格太過剛烈者，生命周期的曲線，自有不可承受之壓力，蓋因性格冷峻、孤僻，六親緣份多不足、不和，是個孤高的命格，因此常感孤獨無依。另外，若六煞星沖擊六親宮位，也是如此。

基本上，命局星群組合強勢，多半膽識過人，勇於承擔責任，攻擊火力也必然猛烈，這也是追求功名利祿的利器，無論是在速度或數量上都很驚人。惜因主觀意識強烈，來勢洶洶，一付盛氣凌人的樣子，因此頗難屈居於人下。但此格也具備了發達的條件，若從事營商買賣，堅定不移，哪天時來運轉，風起雲湧，勢不可擋。

所有的星群組合結構，格局之名只是泛稱而已，因爲不同的主星曜坐守，一定會產生不同的變化，並非是一成不變的。如七殺、破軍或貪狼星坐命之人，統稱之爲「殺破狼」格，但其性格、思維模式、行事作風、待人處事，卻迥然有別。以下簡單介紹各種格局：

一、紫府廉武相格：

此格必須加會到左輔、右弼其中之一顆星，亦或夾輔命宮，才能形成了「君臣慶會」之格局，這是個文格，主文職顯貴，也是吉格，屬於「正途功名」，爲斗數中最大、最佳的組合，一生無論任職於公民營事業，皆因能通權達變，成就高超，而當上一級主管之職，如果大限、流年行吉運，是有可能富貴雙全。

命局中擁有「君臣慶會」格者，個性沉穩、虛懷若谷、充滿信心、學養俱佳、負責盡職、待人處事公正無私，光明磊落，懂得觸類旁通，靈活運用，是個優秀的領導統御人才，極具有群眾魅力（現代叫粉絲），所以常獲得別人的讚賞和認同，也經常獲得貴人、高人的協助與提拔，容易擠身領導權力核心，得以號召天下英雄，眾志成城，分層負責，開創一番豐功偉業。

書云：「君臣慶會，才擅經邦」，用現代的話說，即是有優秀的行政管理能力，因此格之人，擁有雄才大略，足智多謀，野心勃勃，能夠運籌於帷幄之中，決勝於千里之外。但也喜歡青山綠水，鳶飛魚躍，多姿多采的人生，且生活品味相當高雅。

這種文格的本質是溫柔和平、中規中矩的，雖處事手段高明，擅長於謀略運用，不過這些潛能是沉藏在內心意識中的，必須要經由歲限行運的洗練，才能釋放出此特殊潛能。

擁有此格之人，無論是任何行業性質的工作，無論是支配人或被別人支配，大概都能駕輕就熟，沒有什麼困難可以擊倒他。

紫府廉武相格，是斗數中最大的格局，不過小池塘養不了大魚，故宜在大型公司任職（愈大愈好），或往大都會區（愈熱鬧愈佳）去發展較爲適性，工作才能得心應手，勝任愉快。有朝一日可望成為上司、老闆身邊的紅人，得以進入權力的核心參與政策的決定。

此格三方諸宮會齊左輔、右弼、文昌、文曲星，必是文武雙全之人，筆者一向建議最好任職於政府單位，或從事政治活動，較能名副其實，但成就之大小，甚至官階頭銜、身分地位之高低，全看輔弼二星有無會照與否？若輔弼二星未前來照耀，就成為沒有臣相的「孤君」，凡事校長兼校工，必須親躬而為，可惜勢孤力單，孤掌難鳴，難以成事，並非是個雄才大略之人。

就算三方諸宮位形成了「三奇嘉會」格，仍然無法「一呼百諾」，成不了大器。因為一個命局的星群組合結構愈強，並不代表就可以發的金光強強滾，烏魚炒米粉，一個人能獲得功成名就，除了自己長期勤奮學習，努力打拼之外，還必須要有許多外境的有利條件來配合，才能脫穎而出。

命局三方若輔弼二星會照不到，卻拱照到昌曲、或魁鉞這些星曜，雖然也擁有一些高雅的氣質，和文學藝術的涵養，但仍然擺脫不了「孤君」，那種專橫冷漠、喜獨善其身的性格。

此格三方諸宮如遇六煞星來沖擊時，代表此人的心思很活躍，衝勁十足，慾望強烈，喜居領導地位，敢於冒險犯難，獨闖新路，自成一家，在經過一段朝九晚五的上班族後，必然會跳出來創業。

※古籍資料視此格為破格，但我們認為不應以沖破論，反倒是更增加了戰鬥力。

「孤君」之人，凸顯出性格上的孤獨、冷峻、落寞、師心自用、心氣高傲，別人的諫言與勸阻，他都不會聽的，也經常翻臉不認人，欠缺宰相的寬宏大量，多喜歡獨樹一幟，標新立異。表現在待人處事方面上，多獨來獨往、一意孤行、言行乖張、不曉世故、不通人情，以至造成人際關係上的對立、惡化、疏離感，不僅交友不廣，連個知心朋友也沒有，甚至親情緣份都不佳。

但這種性格，並不會妨礙其功成名就，只是缺乏「團隊精神」，與人難以交心，雙方也很難坦誠相處，所以無法號召眾人，一起群策群力來打拼事業，因上情難以下達，工作效率當然大打折扣。

雖然如此，但反過來說，「孤君」之人性喜以單打獨鬥，來肯定自我的能力，所以寧願獨處，封閉自己，活在自己的象牙塔中。因此，其所選擇的行業，以及成就大小，必然也受到種種的限制，不過卻頗適合成立個人工作室，悠哉做個自由業，或從事枯躁的學術研究工作。

林註：

紫府廉武相格有兩種特色：

(1)、如果命宮坐紫微或天府星，亦或此二星同宮，歲限再行吉運，財帛、遷移、官祿、田宅等宮又吉化。則可以考慮自己出來創業，帶領志同道合的夥伴，同心協力，就沒有克服不了的困難。

(2)、倘若命宮爲其它主星曜坐守，而朝向紫微或天府帝座星時，那最好找一個主子

（主管或老闆）當靠山，攀著權貴走向，吃香喝辣，有朝一日，可望仕途扶搖直上青雲。（如雍正王朝的李衛當官）

二、殺破狼格：

「殺破狼」這三顆星顧名思義，便透露出某種剛銳肅殺之氣，在古代被當作凶神惡煞，避之爲恐不及，尤其是女性更被視之爲刑夫剋子的元凶。此三顆星無論任何一顆，原本就具備了剛性和動性的雙重特殊性，偏偏三顆星又固定會碰撞在一起，可見其力道猛烈及動盪性之大，實在堪稱一絕，無出其右者。也就是說，此格是在所有命理格局中，最具有衝擊力，也是最精彩，最富有戲劇變化的星群組合。

不過，此星群組合三方諸宮（同宮更強），必須加會照到火星、鈴星其中之一顆星，且曜度要強旺，且需要化祿星來引動，才能發揮出「火貪」及「鈴貪」，這個特別格局的影響力，這是個「武格」，主武職顯貴，若不見祿星前來照耀，此格即呈現出靜止狀態，成就自然略遜一籌。

擁有此結構之人，比較「重事情」，在人生的旅途中，生命呈現拋物線狀，行運吉凶相當明顯，可以看出變化的軌跡，高低起伏落差太大，像波濤洶湧的海浪，一波又一波的驚險萬分。尤其是，遭遇到六煞星沖擊時，生命的歷程更爲曲折、顛簸，想過個清閒的生活都很難。

命局中屬於殺破狼格者，大都有一個共通性，一是、性格剛烈，勇敢果決，驍勇善戰，爭強好勝，但因其衝擊力過大，自然反彈也大，所以內心始終忐忑不安，難以享受片刻的安寧，故一生漂泊不定，備嘗艱辛。二是、多喜投機冒險，成敗起伏亦大，多半會選擇沖擊性較強門的武市行業，然後全力以赴衝刺，不達到目的，死不方休。三是、容易離鄉背井，遠赴他鄉打天下，古時稱之爲「離祖」，意指不住祖厝，易言之，不得祖蔭，如果先天的田宅宮，又被煞星沖破，尤驗。

林註：

(1)、此格之人，充滿著剛猛銳利之氣，有種咄咄逼人的氣勢，常令人不寒而慄，且敢於勇闖天涯，火中取栗，不怕任何的挫折和挑戰，故能成就偉大的事業。

(2)、擁有此命局者，在古之社會有如草莽英雄，能在兵荒馬亂的世局中，異軍突起，闖出名號，締造出一番豐功偉業。在現代社會則有如探險家、冒險家，有著一股拓荒精神，南征北討，勇往直前，尋找機會和立足點來打拼，歲限若行吉運，可望開疆闢土，功成名遂，名揚四海，光宗耀祖。

(3)、這種人縱然有祖產可得，但絕對不會靠祖產過日子，總想憑自己的雙手，在他鄉異地努力奮鬥，開創屬於自己的一片天空，是個典型的白手起家人物。殺破狼格三方諸宮會沖六煞星，術語稱之為「殺破狼加煞」。「加煞」的意思是有此命局之人，通常需要克服萬般困難，清除障礙，胼手胝足，辛勤工作，歷經滄桑，飽受現實環境無情的打壓與考驗。不過從另一個角度來說，此格卻相當有利於動態的行業，不僅攻擊火力十足，更有著瞬間的爆發力，這才是有牙齒的老虎，雖然一生動蕩不安，而成為漂泊異鄉的遊魂，但無非是想證明追求功名利祿，總有苦盡甘來的一日。

殺破狼格三方諸宮逢六吉星者，就像武俠小說裡的英雄豪傑，一身武功被對手給廢掉了，從此功力盡失，有如被拔掉牙齒的老虎，外表看似精明強幹，其實只是徒有虛名而已，凡事顧忌過多，畏首畏尾，故步自封，始終無法凸顯出此格波動的特質。

這種人，大都想當個無憂無慮的散神仙，過著與世無爭的人生，雖然穩定性有餘，可惜衝刺力不足，與「機月同梁」格之人，沒什麼兩樣，面對困苦或異常的情況，都能處之泰然，無法奮起一博，嶄露頭角，這是此格美中不足之處，不過即使如此，但其天生性格上獨特的氣勢，也是令人畏懼三分。

三、機月同梁格

這是個典型的「文格」，具有標準的文人性格，其思維模式屬於靜態的，這種人好處是，智慧極高，鬼點子多，反應敏捷，大都謹守本分，不喜歡激進冒險，來膨脹自己的能力，行事風格比較注重實質上的內涵，頗懂得人情世故，也很重視別人的感受，所以不會一意孤行，因此有「重人情」之說。壞處是，凡事顧忌太多，畏首畏尾的，更不善於形式與名利的競爭、計較，大多數以生活為重心，且喜歡研究形而上的哲學、宗教、命理學。

擁有此「文格」之人，性格的特質，多半沉潛冷靜，喜歡平凡安逸與世無爭的生活，無論在公私營機構上班，多淡泊明志，奉公守法，是個典型的文弱書生，但卻具備了「官資清顯」所應該有的條件，為最佳之幕僚人員。這種人的生命歷程曲線，大都呈現階梯性，生活的步調大都是緩慢的，多喜在一步一腳印中穩定求發展，一生中若能找到一份穩定的工作，大概也就心滿意足了。

此格之人，個性多文靜柔順，優點是性格趨向於穩定，耐性也相對強，而且心思很細膩。所以，很適合一般繁瑣、枯燥無味、機械式的行政文書工作，或者當一個具有專業學術的教授，亦或從事社會、人文、文史哲學、法律⋯等科系，不僅能發揮其優異的潛能，更能勝任愉快。

可是，這種人無法承擔重責大任，缺乏勇於自我突破的自信心，更無雄心壯志的野心，也不可能從事跳躍式速戰速決的工作，所以根本別奢望，工作一次就可以連升三級，除非三方會照到兩組以上的六吉星或六煞星，尤其是煞星來刺激，才能凸顯出潛在的本能，此時也才有可能去披荊斬棘，勇闖天涯，揚名立萬，名利雙收。筆者看過許多成功的企業家，具有此命格的不在少數，因此不可等閒視之。

蓋因這種人的命宮及三方諸宮，一但遭遇煞星來沖擊，則外表看似文質彬彬（文靜），但內心心思卻波潮洶湧，常思蠢蠢欲動，絕對不是個耐靜的人，命局或歲限行到此格，倒反而能夠出奇制勝，成就一番豐功偉業。台語叫做：「恬恬吃三碗公。」

四、陽梁昌祿格：

古籍說此格有「皇殿朝班」之貴。換現代的說法是，一生都會受到長輩、師長、上司的提拔，出類拔萃，平步青雲。如中小學時，大都被選爲班長；高中大學時，易被推選爲社團領袖；出社會時，容易進入權力的核心，參與公司高階層的重要決策，成爲老闆身邊的紅人。

這是個「文格」，也是一個「特別格局」，具有權威性及崇高的社會地位，所以宜乎貴顯，方顯其威。因此格多「主貴」，若非是官場人士，也是社會上的菁英、名流，就算是後天行運不佳，亦無損此格的尊貴。但是，不必把此格看做肯定會擁有高官厚祿，只將它當是個工作上的職務即可。

由於擁有此格局之人，喜歡讀書，探索知識，故常爲考場的常勝將軍，且毅力和耐力的抗壓性均強，如果歲限再行吉運，也有可能走上公家機構，捧上個金飯碗，安分守己，一步一腳印，穩健踏實，一輩子生活衣食無缺。

此格之人，天生智慧高超，多喜博覽群書，學有專精，理解力佳，更擅長於分析。其人格的特質，多利己利人，且交遊廣闊，所以朋友極多。由於個性上有些擇善固執，不會輕易冒然躁進，所以容易保持現在所擁有的優勢。此格也具有濃郁的文藝氣息，學術涵養，以及科學與技術的指導工作。頗適合從事於公職外交官、導遊、法律系、學術界、文藝界、教育界、醫學系、地政士…等行業。

至於類似「陽梁昌科」格、或「陽梁曲祿」格之人，則以往學術研究路線方面去發展，必有驚人的成就。如胡適先生，飽讀詩書，學富五車，雖被政府派爲駐美大使四年，但終其一生卻是貢獻在學術、教育界上，可說是思想界的巨人、領導者，爲國人所景仰、尊敬。

「陽梁昌祿」格，是個典型的書生性格，是個理想主義者，如果從事於政黨或社會的反對運動，因太過於理想化，而忽略了現實社會環境的狀況、變遷，不但成不了大器，甚至連鍋都砸掉了，能不謹慎乎！

五、石中隱玉格：

此格就像珍珠、翡翠這些奇珍寶物，被包在貝殼、頑石裏面，必須慢慢努力開鑿出來，再經過一番細心雕琢，才能顯示出那晶瑩剔透的質地。也就是說，此格最大的原動力，即利用六煞星曜會照的沖激力量，粉碎那貝殼層層的硬殼，敲開礦石那粗糙的外表障礙，才能使奇珍異寶，呈現於世人眼前。所以，命局中帶有石中隱玉格者，三方諸宮會照幾顆煞星，是必要的充分條件（愈多愈好），才不會有入寶山而空回的遺憾。

蓋因，石中隱玉格多喜煞星來會沖，不但不算沖破命局，反而成就了此格局。倘若三方又拱照六吉星，抑或逢三奇嘉會的化祿、化權、化科來加持，那麼成就又會更高，獲利也多。

擁有此格之人，個性雖倔強好勝，言辭尖銳，具說服力，喜打破沙鍋問到底，但多重感情，講義氣。行事則積極主動，獨立進取，勇敢果決，雖喜居領導地位，發號司令，但多會往下紮根，秉公處事。頗適合外交、公關、教育、演藝、傳播、政界…等這些行業。

天機星主奔馳、變化，而巨門星主破蕩。因此擁有此命局之人，多有早年辛苦、勞碌、囉嗦、失敗的現象，然到中年之後，運勢勃然而興，前程一片光明，台語叫做：「大雞慢啼」，屬於「大器晚成」型之人。

蓋因巨門星化暗，仍暗曜之星，故此玉非名玉也，換句話說，此星影射少年時期，必須歷經多方磨練，中晚年才能見到珍貴寶玉。若能安份守己於自己的處事、以及待人範圍之內，其福氣亦不小，但若強行出頭管別人的閒事，則會發生禍端，三方再加會照到煞星，其禍愈大。

石中隱玉格，有主「競爭」的涵意，且有不依祖業的現象，因此不利與人合夥，更不可以替人擔保。

六、巨日格：

此格主「動能」思想，主人性格開朗、光芒四射、活潑好動、樂觀進取、富於戰鬥、富於創見。尤其喜歡強出頭，有武俠片江湖豪傑：「路見不平，拔刀相助」

的豪情壯志，亦喜在熱鬧和爭執中來肯定自己，也是一個又感性又知性之人，若三方逢文昌、文曲星來拱，從事於文藝創作，堪稱適性。

大多擅長於掌握時機，頗精於分析研究，更具有長期的目標，做事積極明快，領悟力高，好奇心強，能化小人爲貴人。本身潛力雄厚，能攻能守，凡事高瞻遠矚，不會急功近利，因此大都會名利雙收。擁有此命格之人，非常適合當律師、外交家、政治家、民意代表、最佳節目主持人、或進出口貿易商，更有移居海外，異族通婚的現象。

此格之人，多喜歡主持正義，無私無慾的，爲朋友赴湯蹈火，兩肋插刀，絕對義不容辭。非常喜歡投身於社會，熱心於公益團體活動，也因口齒伶俐，能說服別人，所以很容易成爲一個優秀的社團領導人。但也因具有批判與叛逆性格，如三合會照煞星多顆，大都是貴人公卿門下客。

此命格若落在「寅、申」二宮之人，因外在三方諸宮位，均分配不到一顆的主星，顯示在財帛、人際關係、官祿這三個宮位上，均呈現空宮的明顯弱勢，無論在先天結構上，亦或在後天行運的歲限上，都已略遜一籌了，所以不像是個能夠享受財富的人，即使在行運中走了財運，可能也無福可享。寅、申二宮乃四馬之地，若與天馬同宮，更是四方奔馳，馬不停蹄。

七、火（鈴）貪格：

火鈴星與貪狼星相會合，會產生生光電化，變成一種很特殊的吉祥作用，謂之「火（鈴）貴格」，亦為「木火通明」格，主擅於計謀，雄才大略，高瞻遠矚，先聲奪人，容易有好機會出現，宜多參加一些社交活動，把握住此發財的大好良機。

此特別吉格，會產生威力十足的力量，這時候的火鈴星，不但不會作禍，反而能化腐朽為神奇，轉禍為福，大有畫龍點睛之妙。尤其雙星同宮時，力量最為強大，三方會照則次之。

火貪格主爆發，鈴貪格主橫發，但必須要有個條件，在後天行運逢吉時，這三顆星的曜度都要強旺，且要落在命宮、財帛宮、福德宮，財神爺才樂於降臨，意外成爲爆發戶，名利雙收，財厚祿高。若行運逢凶時，此三顆星曜度又弱，則兵敗如山倒，節節敗退，一落千丈，愈來愈差。

這是個「武格」爲「戰將格」，我稱之爲「元帥東征格」，這種命格之人，勇於嘗試挑戰不可能的任務，行事堅決果斷，頗能掌握住社會的動脈，爆發力極強，處處想往外發展，多想表現出一番豐功偉業，及威風凜凜的氣勢，喜排場大或跟大企業來往，小局面是看不在眼裡。

古籍說得以「威震諸邦」、「出將入相」，揚名異邦。以現代社會來說，這種人適合派駐在海外公司，當個行銷業務代表，爲公司的產品打開通路，在世界的舞臺上爭得一席之地。

此「武格」有無限的瞬間爆發力，以及強大的攻擊火力，因此也容易有好機會出人頭地。但此格的性質所呈現的是，波動的、激烈的、奔放的、激情的，所以也容易造成，感情衝動與火爆動作，這情緒比較會凸顯在行爲、舉止上。

此格屬於殺破狼系列，所以具有替殺破狼格增勢的作用，喜貪求名利，顛覆傳統，但行事衝勁力十足，積極果決，主動出擊，故能克敵制勝，所向披靡，大都能成大功立大業。

此格之人，適合從事於波動性、投機性行業，如軍警人員、司法人員、業務代表、國際貿易、工程設計、藝術創作等。又如雕刻、烹飪、編織、花藝、裝潢設計，這些行業會激發出「武格」的潛能，把忌煞星轉換成生命的原創力，未來的成就將會十分驚人。

八、火（鈴）羊或火（鈴）陀格：

這是個「異格」，也是「吉格」。古籍說得以「威權出眾」，出類拔萃，兵權萬里，行事英明果決，攻城掠地，勇冠三軍，揚威海內外，但同時也是霸道（氣）的象徵。

此「異格」可轉化爲科技星，而且在經營策略上，有似鬼一般的手腕，若透過專業知識或往特殊技藝上去發展，能夠異軍突起，時來運轉，橫發財富，一鳴驚人，建立豐功偉業。

擁有此異格之人，一旦想要進行改革，甚至於想重新開創事業，其成功率極高。若行運中再逢強旺命局，尤其三方加會天空、地劫星，不但具備了爆發力（武格或異格），更擁有空劫星特有的原創力無窮，簡直「如虎添翼」，再配合種種的有利條件下，會發的金光強強滾，精彩絕倫。

此特殊格局，除了循一般正途功名管道，努力邁進之下，也俱足了突破現狀，顛覆傳統的性質，而且能屈能伸。更可以開發出異格，特殊的潛在能量，異軍突起，打造出屬於自己的一片天空，實現自己的夢想。

此異格若突然遭遇到，外在環境的刺激，會立刻做出反應。異格的特色是，往往喜歡標新立異，來凸顯出自己與眾人之不同，而且大多鄙視正常管道，不按牌理出牌。所以，往體制外去發展，反而比循正常軌道，更能達到顛峰，既適性又適格。

不過一旦此異格，若未能導向於專業知識，或特殊百工技藝，則一生的精神、肉體，依然會飽受煎熬、折磨，一生勞碌，痛苦無比。故宜從事於律師、工程師、外科醫生、技術官僚、電腦設計師，以及其它的百工技藝，如雕刻師、專業廚師、機械黑手等皆適性。

蓋因擁有技術行業之人，不論先天命格如何！以及後天歲限行運如何！大多比較不足以懼怕也。如果純以技術、專業爲導向，而把求取財富擺在一邊。只要做出來的作品，水準超高，不怕無人賞識，所以不管是否在走財運，仍然會帶來可觀的利潤。

火星，主快速；鈴星，主緩慢。擎羊星，主明；陀羅星，主暗。故火貪格及火羊格，均主瞬間爆發格，略勝於鈴貪格及鈴羊（陀）格，之緩發格。

無論是火貪格亦或火羊格，這些特別格局，均主橫發資財，亦即既發大財又很出名。但若煞星會照太多，卻也都隱藏著橫破的陷阱。不過，無論是橫發或者是橫破格局，均需要祿、忌星來牽引，祿星牽引主橫發；忌星牽引主橫破。擁有這二種特別格局之人，皆具有強烈的個人主義（草莽英雄）。

九、鈴昌陀武格：

斗數的凶格裡，「鈴昌陀武」格排行第一，古籍稱此為「限至投河」。「限至」，聽起來未免太可怕了，好像後天行運走到此凶格，就非得去跳河，亦或溺水而亡不可。

現代斗數應該從寬來解釋此凶格，亦即一個人因為容易，遭受到意外的重大災難，以至身敗名裂，而傷心欲絕，蓋因事情已經到無法挽回的地步了。

如：上班族，可能突然被降職、撤職、放無薪假，亦或有官司、糾紛等麻煩事。生意人，入官祿宮，有可能因事業經營不順，資金週轉不靈而倒閉；入夫妻宮，則容易引起口角、是非、懷疑、衝動，男女朋友因而分手，夫妻則以離婚收場。此凶格在整個命局上，始終呈現在一種極端不安的動性狀態中，因此在行運歲限中，稍一處理不慎，就會引爆出惡格的特性。

用現代語言來解釋，就是一個人的事業、政績、婚姻，突然一瞬間從高峰中，跌落至谷底，也就是說，這種人在跌至谷底前，必然曾經處在顛峰狀態中。

既然有個顛峰期，那肯定是受到「鈴陀」此異格，吉祥的影響。也就是說，當武曲星化祿時，就會把「異格」的本質誘導出來，而站在高峰上，此時豪氣千雲，氣壯山河。反之，當武曲星化忌時，則牽動了「惡格」的特質，這個時候就會兵敗如山倒，跌個人仰馬翻。

如果將它改成「火昌陀武」格，情況必然會有180度的大轉變，因爲火星這顆星主快速，所以其殺傷力，當然也就會更加的強烈。斗數任何星曜的組合，都是論一組、一組的拍檔，所以「鈴曲陀武」格，亦或「火曲陀武」格，基本上是可以討論的。

「惡格」若被引動出來，當以主星曜自行引爆的力量最大。如武曲星化祿或化忌時，若改由其它的輔佐星曜，如文昌星或文曲星化忌時，則所造成的殺傷力，相對的會減低很多。

十、巨火（鈴）羊或巨火（鈴）陀格：

斗數的凶格裡，「巨火羊」格排名第二，古籍稱此爲「終身縊死」。「縊死」，聽起來很恐怖，但也並非一定會很悲觀的，絕望到有自殺的念頭，只是有可能經常遭受到意外傷害、挫折，險象環生而已。

此格之人，叛逆心及侵略心強，逞強好鬥，脾氣不佳，給別人的感覺，這種人的身上總是會流露出，一股邪惡而銳利的煞氣，是一個天生的反對派人士。語言尖酸刻薄，所以很不得人緣，但若是當個民意代表，在議會中會咄咄質詢的，讓政府官員招架不住，個個臉紅脖子粗，倒是相當適性。

此「惡格」以現代語言從寬來解釋，就是當一個人正在徬徨無依，而走頭無路時，的確會造成了精神上的折磨，亦或造成了其它種種的苦悶，這時候正急需要找尋一條解脫之路。

如果將它改成「巨鈴羊」格，因爲鈴星這一顆星曜，主緩慢，所以挫折、受傷的程度，也就相對的減低許多。

巨火羊格雖是惡格，但是「火羊」卻是異（吉）格。也就是說，當巨門星化祿時，「火羊」異格被牽引出來，就成爲「威權出眾」的吉格，韌性十足，能在各種行業中脫穎而出，揚名立萬。反之，若巨門星化忌時，則「巨火羊」就會被導引出惡格的凶性，惡格一旦遭逢凶變，當然就變成了自縊了。一般而言，只有在某種的特殊行業中，惡格不但不會肇凶，反而更以吉祥來論。如：拆除隊員、爆破專家、外科醫生、新聞記者、品管專家、海關輯私隊員、電腦程式設計專家：等，從事這些行業之人的命局中，見吉格反倒不如見惡格來的有效率。

先天命局或行運歲限中的任何一種格局的吉凶，照例都需要有引動「引爆」的一道手續，否則保證會看不出，什麼吉凶的變化。至於這道手續，就是化祿星和化忌星，來引動的催化作用。祿星入，主呈現吉祥；忌星入，主遭逢凶變。惡格，一旦缺乏祿忌星來引爆，充其量只不過是一顆未爆發的「啞彈」而已。

但不管是，火羊格也好，巨火羊格也好，如進入了夫妻宮時，會有二種情況發生：

一、特別喜歡既有才華，又有能力，且又溫柔體貼的「阿那達」，只是這種配偶的脾氣，總會有些奇怪，亦或有其它的嗜好，頗難以捉摸、伺候。

二、配偶的成就，容易蓋過本人，因此在性格上，有時頗難以釋懷。

十一、昌（曲）貪格：

這是一個「惡格」，含有惹事生非的本質，經常本末倒置，棄正常業務於不顧，也有業務過失等情事，進而會扭曲了一個人的思想觀念，但得要看有無祿忌星會照與否。

若是貪狼星化祿，三方拱照諸吉星時，則以高度的智慧，獨到的眼光，圓融的手腕，來博取正當的財富。且又經常不按牌理出牌，卻往生有出奇制勝的吉化作用，有如清水變雞湯，也有可能歪打正者，得其所願，亦有如打麻將，槓上自摸加一台。對於草創時期（做業務）若找此格之人，將有料想不到的吉慶降臨。

但若貪狼星化忌，三方又會沖煞星時，則變成「惡格」，主顛沛流離，喜走旁門左道，遊走法律邊緣，學非所用，自作自受，聰明反被聰明誤。所以，經常會有意想不到的挫折與困難。此格之人，性喜旁門走道，顛倒是非，且忠誠度低，給人的印象不太優秀。這種人會不擇手段，謀取不當不義之財，如貪汙、虛報差旅費：等等。

古籍說此惡格，爲「政事顛倒」、「離正位而顛倒」。汎指正常該做的事不去做，專做一些不相關的事，搞不清楚事情的經重緩急，多有不務正業的傾向。如：學生看課外的書，比課內的書，唸的比較多。但是，不務正業，並不一定會肇至凶禍，也並不見得沒有成就，蓋因此格也具有「異路功名」的傾向。

此惡格，主學非所用，喜標新立異，辦事不專心，隨便轉移注意力，虎頭蛇尾，經常無法全神貫注，東做西成，用台語「種匏仔生菜瓜」、「滾石不生苔」，來形容這種人，非常的貼切。因爲，難安於一事一業的，要讓老闆倚重也難。

用現代的說法是，擁有此格之人，多異想天開，顚三倒四，指鹿爲馬，喜歡無厘頭式的不按牌理出牌，藉以凸顯出他與眾人不同之處。因此，有時會胡亂投資，所以失敗的機率很高，甚至在每次換工作、行業，多半無法銜接以前的專業，造成經驗資源無法逐漸累積的一大缺點。

此格若在夫妻宮，則有「離正位而顚倒」的作用，會使配偶對原有的婚姻有所不滿後，在感情上會另求發展，顯現出一種額外的感情債。除非另一半能夠配合，否則要婚姻海不揚波，似乎不太可能的。

文昌、文曲星爲時系列星曜，此格如與桃花星同宮，或於三方拱照，則容易縱慾於情海，日夜糾纏不清，甚至因桃色新聞，上了頭條新聞版面。

十二、昌（曲）廉格：

此格乃斗數較小的「惡格」，古籍稱此爲「粉身碎骨」，主顛沛流離，喜走旁門小道。本身就含有惹事生非的本質，經常本末倒置，棄正常事業於不顧，偶爾也會有業務過失等情事。

論吉時，謀略手段高人一等，多以聰明才智，博取功名、財富；論凶時，主學非所用，不務正業無厘頭式的出招，讓人無法捉摸，猜不出頭緒，也容易因選擇錯誤，經常弄巧成拙，聰明反被聰明誤，作法自斃，而造成了無法彌補的遺憾，更喜遊走法律的漏洞。

不論是昌貪格，亦或是昌廉格，這二種惡格的凶性，比起鈴昌陀武格，以及巨火羊格的凶性情況，減低了很多。絕大部份都是因爲，好行險惡，弄巧成拙的選擇錯誤，而造成不必要的損失。

此二星曜，一生都與法院脫不了關係，最適合當國家的律師、法官、檢察官。

※其它格局的論法

一、日月拱命格：

太陽：多帶有權柄、欲望之星。

太陰：多帶有才華、才氣、技藝、服裝、美容、廚藝、唱歌、室內設計、琴棋書畫之星。

此格之人，熱情有勁，喜悅洋溢，樂與人爲善，比較好動，不耐久勞。所以，最好從事於波動性行業，較爲適性。好奇心亦強，常認爲別人就是他的貴人，喜歡探討宇宙間的奧秘，研究絕學，可成爲一個學有專精之人。

二、日月反背格：

擁有此格局之人，雖雄心萬丈，但時運不濟，命運多舛，甚至搞的眾叛親離。但這種人，性格堅定不移，一心一意，勇闖江湖，明知路途坎坷，但並不以爲苦，把吃苦當做吃補。雖主勞碌辛苦，歷盡滄桑，飽受現實環境的壓力、困擾，但挺的住，就是你的，經的起壓力，就要有抗壓。起跑點雖比人家差，就當成憂患意識，別人花一個小時，自己多花個二、三倍的時間去經營，做最好的準備，最壞的打算，會愈戰愈勇，成功率也是可觀的。

在現代高科技的時空社會，變動性相當快速，擁有此命格之人，若三方加會一干煞星，在經過一番辛苦，奮鬥不懈之後，反而有利於在亂世中成名，爲亂世中的英雄人物。

「亂世」，不一定指戰爭，亦或政治不穩定的社會環境，是指具有高度競爭的社會變局。此格之人，大多會離鄉背井，他鄉奮鬥打拚，追求遠方之財。女命，主幸福遲來，故以晚婚為宜。

這種命格之人，宜在晚上深思、做企劃、規劃、開檢討會議，而在白天上班時，就直接付之行動，則成功率相對的也高。也適合投入「夜市人生」的生活圈，更喜歡加大夜班。

三、日月並明格：

此格原則上以吉論，若三方拱照諸吉星，主人才藝卓絕，能翻江倒海，扭轉乾坤，飛黃騰達。參與各種考試，容易金榜題名，較有社會地位。但要小心大意失荊州，行運的歲限若走此格，要把它當做憂患意識，隨時提醒自己，不可鬆懈怠慢，才不會輕敵。

四、祿馬交馳格：

「祿」爲養命之源，「馬」爲扶身之本。天馬星獨坐，能量無法釋出，所以必須要與主星同宮，才能完全發揮力量。如與祿存星同宮，謂之「祿馬交馳」格，以天馬星的機動性，可刺激祿存星的機會財，可達到輪轉順暢的功用，並有逢凶化吉之妙，如能主動去尋找機會，定當大有斬獲。

「祿馬交馳」亦稱之爲「折鞭馬」，意指這種人，並不需要他人的督促，自己就能發奮圖強。亦主人出門在外，易得貴人提拔，而能左右逢源，亦主發財在異鄉，最好以商品流通性大的買賣爲佳，肯定發得金光閃閃。

此吉格有動中求得之吉意，如三方拱照科甲星，亦或祿、權、科星，容易一鳴驚人，參加各種考試，必能金榜題名。

此格局與「解神」這顆神煞星，都具有解厄制化的效果。此格有兩種含義：

1、是「動而得財」，尤其是在遷移宮，更可以求取遠方之財，甚至有可能發展成爲跨國企業，亦或參與國際聯盟。此格若在命宮，三方諸宮有吉星來拱照，特別有利於動態的行業，如：航運、空運、進出口業、業務行銷：等。若進入田宅宮，則能在遠方或國外置產，而大獲其利。

2、此格主「脫困」，行運的歲限逢之，有逢凶化吉的作用。

五、三奇嘉會格：

命宮的主星曜度強旺，更逢三方諸吉星及化祿、化權、化科這三顆星來拱照，謂之「三奇嘉會」格。若能妥善運用，將比一般人，更能輕易地功成名就，不論讀書、考試、升遷、調職，一切都順風順水，且能出類拔萃，貴人緣極佳。

擁有此吉格之人，大多學識淵博，聰明好學，允文允武，品德高超，氣度恢宏，操守良好，多能榮獲褒揚。容易得到社會群眾貴人的幫助，亦或來自於不特定對象的幫助，也易受貴人的提拔。這種人多有一種自信十足，聰明才智，高人一等的感覺。

此格局意指，這吉格同時具備了這三種特質，也就是說，擁有三種發達的條件，一旦發揮出來，容易功成名就。

三奇嘉會，主群眾貴人來協助；至於天魁、天鉞這二顆星，只代表兩個貴人而已。

六、天機天梁擎羊會：

古籍書云：「天機、天梁、擎羊會，早見刑剋，晚見孤。」意指此三顆星曜同宮，或於三合拱沖會照。主人古道熱腸，喜行俠仗義，一生行事必有原則，可為忠臣、良相、社會賢達名士。但因自負過高，難免曲高和寡，不論對人或社會，多有憤世嫉俗的傾向，故多孤獨。

這是一個「凶格」，行運的歲限逢之，只是代表了一時凶象的症候而已，在這段的時間裡，只是有些使人傷心、難過；但先天的命局上，若出現此凶格，那麼就需要特別的留意了！

這種格局之人，不管桃花星在命宮、夫妻宮或福德宮，也不一定具有異性緣。蓋因這種凶格，不管在心理上或生理上，都具有某種足以毀滅，一個人終身幸福的缺陷。

客觀上而言，比較難以找到一個理想的伴侶，若再會照不到桃花星，在異性緣上顯然缺乏吸引力。但是會照到一干煞星，則更不利於婚姻、感情。此格如落在六親宮位上，則不堪於親情緣薄，或屢遭受到無情的打擊。

擁有此凶格之人，在人際關係上，頗爲堅持「有所不爲」的觀念，因此能談心的朋友，也就難以尋覓。也隱含著「其實你不懂我的心」，的那種無奈與失落感。

七、府相朝垣格：

「朝垣」，指朝向帝座，能構成此格的，必須命宮沒有紫微系的星才論。只有命無主星，府相在財帛、官祿宮三方來拱命宮，且無煞星沖破，才算入格。

天府、天相此二星曜。皆適合在公家機構上班，格局大為天府星，身份地位比較高，對內部負責的，如黨主席、理事長⋯之類；格局小為天相星，對外面負責的，如秘書長、發言人⋯之類。但不管如何，一生升遷容易，亨通如意。

此格局雖有利於公職，若有天魁、天鉞、左輔、右弼等吉星來會照，格局更佳，若入官場必定官運亨通。擁有此格局之人，在事業上大都偏向於，是發號施令的管理人物，而不是個聽命行事，執行業務的基層人員。

但此格最懼怕三合會沖天空、地劫星，會使天府、天相星的星性，所應該有的警覺性，大大的降低，以至產生了難以掌握的負面作用。

八、日月同宮格：

日月會在丑、未同宮，或此二星在對宮，遙望命宮。這種命格之人，性格上容易呈現多元化，蓋因日昇月落，日落月昇，忽陽忽陰，因此造就了一種的「變異性格」。

如果把這種的「變異性格」，發揮在專業技術上，可以將它轉化成追求時髦，領導的原動力。也可以冷靜下來深度思考，如何來發揮這種特殊的應變能力，專門處理一些突如其來的危機。

擁有此格之人，表現在心性上是健康活潑的，奔放的，和多彩多姿的。其腦海裡會一直波濤洶湧的不斷思考，無時無刻的在絞盡腦汁，就連睡覺也不得安寧。

九、刑囚夾印格：

刑，指擎羊星（流羊同論）；囚，為廉貞星；印，是天相星。此三顆星曜同宮最凶，行運的歲限中，逢廉貞星化忌時，刑剋更重，官非的應驗非常高，不得不慎重防範。如在三方諸宮拱沖，則是非較輕，這是一個「大凶格」。

此格局之人，也帶有強人的堅毅性格，大多不願意輕易服輸。但也主訴訟官司，重者有牢獄之災，輕者罰款了事，亦或補繳稅金：等。行運的歲限逢之，常惹官非，事業困頓，易遭刑傷，宜多注意修身養性，才能化凶爲吉。

雖是大凶格，但逢廉貞星化祿時，反而變成一股對事業，具有開創行爲的強勢導引，因此產生吉化的作用。

十、刑忌夾印格：

刑，指擎羊星（或天梁星）；忌，指陀羅星（或巨門星）；相，是天相星。天梁與巨門二星曜，會在左右夾制天相星。當巨門星化忌時，天梁星就化刑，此凶格即成立。

命有此凶格之人，若行運的歲限逢之，亦主牢獄之災，或無端被毆打，而有刑傷之事發生。如走在路上，莫名其妙被別人，亂打了一頓，事後才知道是打錯人囉，簡直倒楣透頂。

十一、財蔭夾印格：

此格局與上一條件類似，當巨門星化祿時，天梁星就化蔭，此二星在左右夾制天相星，此吉格即成立。主：喜從天降，想都想不到的美夢成真。

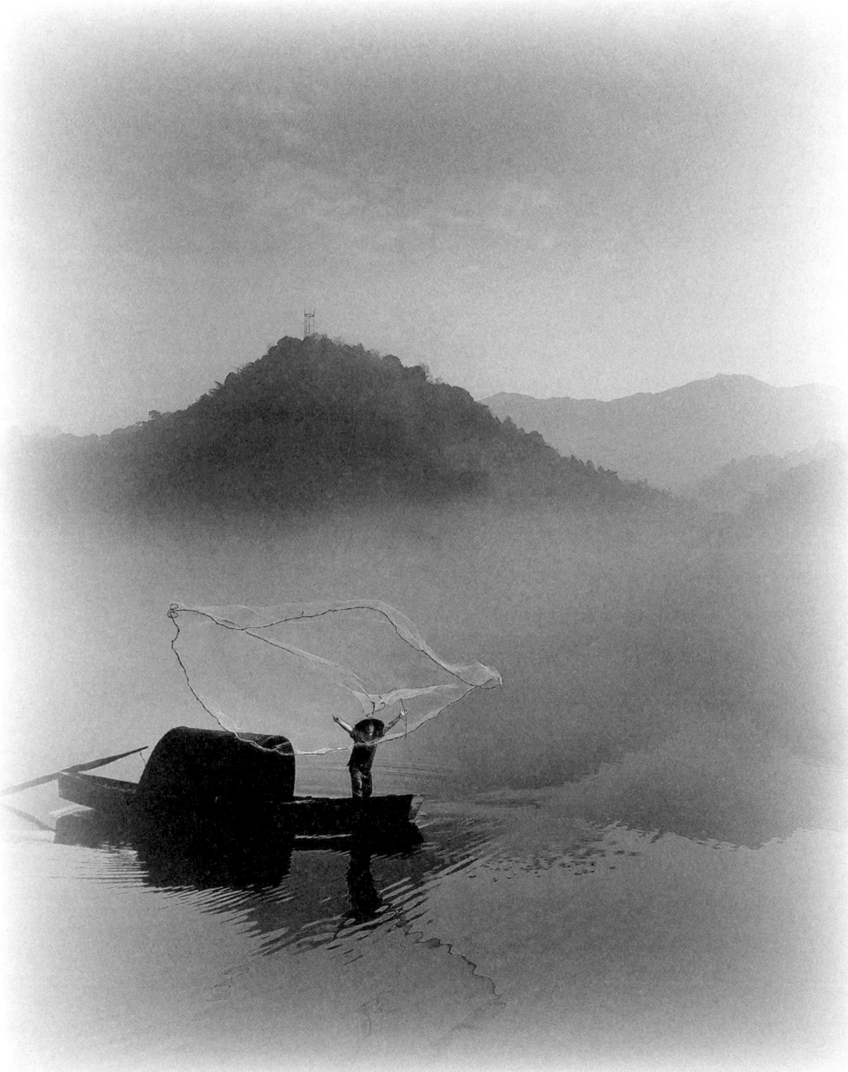

十五、神秘的四化星

310
300

十五 神祕的四化星

紫微斗數命盤排出來，就必定有四顆很明顯的化星，即化祿星、化權星、化科星、化忌星。此四星在斗數行運中，扮演著極爲重要的角色，是推算命格、大限、流年甚至流日、流時所必須運用的化星。四化星中的祿權科星，古書稱爲吉化或化吉，代表吉祥如意，忌星則主凶禍無疑。識者說，這些十干四化，有如八字的喜用神，比喻得真妙。

譬如說，在後天歲限運程中，許多事情明明有蠢蠢欲動的跡象，甚至已經付諸實行了，不過從命盤卻一點都看不出那種跡象，若以四化星做爲牽引，將可凸顯出該事項的重點。

不過斗數的十四顆主星中，並不是每一顆星皆有化祿、化權、化科、及化忌星的。如廉貞與貪狼二星，僅有化祿、化忌；天機、太陰、武曲三星，則化祿、化權、化科、及化忌皆有之；天同、太陽、巨門三星，只有化祿、化權、化忌；天梁星，則有化祿、化權、化科；破軍星，僅有化祿、化權；紫微星，只有化權、化科；文昌、文曲二星也僅有化科、化忌；左輔、右弼二星單有化科而已；七殺、天府二星，則全無四化星。

我們研究斗數古籍資料，爲何對諸星四化星做如此安排，根本無法了解其意義在哪，是否既不化祿、又不化忌的星曜，全然毫無任何的作用呢？基本上而言，每顆星曜有無四化星，多少與該星的本性(質)有關，習斗數者若能多瞭解諸星的星性、星情及賦性作用，更有助於對四化星的認識與正確的使用方法。

由於四化星的作用，在古籍的記載中只是輕描淡寫而已，並非有肯定、明確的交待，以至大多數的人在「只知其所以然，而不知其所以然」的情況下，經常被造成誤用或誤解。面對這些困惑的問題，常使習命者猶豫不決，眞不知該如何抉擇？

所以各門各派，對於四化星的用法，可說是費盡心思，花招百出。有人使用各宮干自化，有人使用四化星的追蹤遊戲，甚至有些大師用四化星來預言新的一年國內外大事，簡直把四化星當成宇宙間神奇的力量，這種缺乏邏輯概念，自我意識膨漲，可說已到無所不化，泛濫成災的程度，不知何時方休呢？

不過，有一點我們必須認清，斗數透過十干四化的牽引，一是能瞭解星曜本質的特性，二是更能清楚看出歲限運程的脈絡，但它可不是什麼太上老君的仙丹妙藥。

至於號稱「飛星派」的忌星滿天飛，如星羅棋布，飛的你（妳）暈頭轉向，老實說這些論述大都是憑空杜撰，生拉硬拽而來的，又根本無法說明其來龍去脈。如有反弓忌、天王忌、溺水忌、絕命忌、糾纏忌、相欠忌…等一大堆名堂，搞不好哪天發覺不夠用時，不知又會瞎掰一些什麼更好笑的名稱來。任何學術或命理哲學若要突破瓶頸，必然就會有新的研究報告出來，這本是可喜可賀之事，只是這種新學說的背後，必須要有紮實的理論架構做後盾，否則就成了「老王賣瓜，自誇自說」

了，「飛星派」單挑忌星來推論命盤，根本經不起明眼人的質疑，因爲我們實在不明白，爲何就沒有相對的祿星飛來飛去呢？

筆者的好友已故翁福裕大哥，中央警官學校結業，曾當選全國模範警察，擅長將斗數演繹運用於刑案研判及偵訊之突破，無不如斯響應，所以也偵辦多件轟動社會的重大命案，亦曾在電視台上主持「紫微神探」節目。翁大哥所學的就是飛星祕儀，於退休後也開班授課，筆者常去請教飛星祕儀的行運宮位的關係，及四化的飛法，翁大哥一語道破，「飛星派」的四化飛法，連他自己有時也會覺得狐疑，因有些問題根本難以解套，一直無法突破現狀，學生更是搞得一頭霧水，滿臉疑惑，這矛盾值得習斗數飛星祕儀者，深思之。

我們一向尊重任何門派的主張，以及其在ＦＢ平台上所發表的文章，不過天下事總得講個理字，所謂：「有理走遍天下，無理寸步難行」。時代巨輪不斷在翻轉，只希望研究命理五術者，能找出一條與現代生活無縫接軌，並且大家都可以接受的學術理論，讓有志於研習斗數者，有一盞明燈可行。

一、四化星的意義

斗數的四化星，分為生年、大限、流年，只要能釐清觀念，單這三種四化星的變化，就措措有餘，可以推測出一個人運程的吉凶消長，哪來這麼多的忌星呢？

翻開《紫微斗數全書》對於四化星賦文的解釋有四：

一、化祿星屬土，為福德之神，守身命、官祿之位，科權相遇，必作大臣之職。小限逢之主進別入仕之喜，大限十年吉慶，惡曜來臨併陀羊火忌沖照，亦不為害。女人吉湊作命婦，內外威嚴，殺湊平常。

入命斷訣歌曰：「十干化祿最為榮，男命逢之福自申；武職題名邊塞上，文人名譽滿朝廷。」

又曰：「祿主天同遇太陽，常人大富足田庄；資財六畜皆生旺，凡有施爲盡吉祥。」

入限斷訣歌曰：「限中若遇祿來臨，爵位高遷佐聖明；常庶相逢當大貴，自然蓄積廣金銀。」

二、化權星屬木，掌判生殺之神，守身命科祿相迎，出將入相，會巨門、武曲必專大事，掌握兵符，爲人極古怪，到處人欲敬。小限相逢無有不吉，大限十年必遂，逢凶亦不爲災，如遇羊陀、傷使、空劫，聽說貽累，官災貶謫。女人得之，內外稱意，僧道掌山林有師號。

入男命訣歌曰：「權星最喜吉星扶，事業軒昂膽氣麄；更値巨門兼武曜，三邊鎭守掌兵符。」

入女命訣歌曰：「化權吉曜喜相逢，更加吉臨衣祿豐；富貴雙全人性硬，奪夫權柄福興隆。」

入限斷訣歌曰：「此星主限喜非常，官祿高陞佐帝王；財帛豐添宜創業，從今家道保安康。」

又曰：「權星此遇武貪臨，作事求謀盡得成；士子名高添福祿，庶人得此積金銀。」

三、化科星屬水，乃上界應試，主掌文墨之神，守身命權祿相逢，主人聰明通達，最喜逢魁鉞，必中科第，作宰臣之職。如遇惡星，亦為文章秀士，因作羣英師範，但嫌截路空亡、旬空、天空，亦畏忌。女命宮拱守，作公卿婦，雖四殺沖破，也主富貴。

入男命訣歌曰：「科星文宿最為奇，包藏錦綉美文章；一躍禹門龍變化，管教聲達譽朝堂。」

又曰：「科星入命豈尋常，錦綉才華展廟廊；更遇曲昌魁鉞宿，龍門一躍姓名揚。」

入女命訣歌曰：「化科女命是良星，四德兼全性格清；更遇吉星權祿湊，夫榮子貴作夫人。」

入限斷訣歌曰：「科星二限遇文昌，士子逢之姓名香；僧道庶人多富貴，百謀百遂事英揚。」

四、化忌星屬水，爲多管之神，守身命一生不順，招是非。小限逢之一年不足，大限相遇十年悔吝，二限併太歲交臨，斷然蹭蹬，文人不耐久，武人縱有官災口舌不斷，雖商藝人在處亦不宜，難立脚。如遇紫府、昌曲、左右、科權祿與忌同宮，又兼羊火鈴空，作事進退，横發横破，始終不得久遠，即係發不住財是也。一生奔波勞碌或帶疾、貧夭，僧道亦流移、還俗。

然一是天同在戌化忌，丁人遇吉，巨門在辰化忌，辛人返佳。二是太陽在寅卯辰巳午化忌，太陰在酉戌亥子化忌，爲福論，若日月陷地化忌，主大凶。三是廉貞在亥化忌，是火入泉鄉，又逢水命人化忌，也不爲害。

入男命訣歌曰：「諸星化忌不宜逢，更會凶星愈肆凶；若得吉星來助救，縱然富貴不豐隆。」

又曰：「貪狼破軍居陷地，遇吉化忌終不利；男為奸盜女淫娼，加殺照命無眠睡。」

入女命訣歌曰：「女人化忌本非奇，更遇凶星是禍基；衣食艱辛貧賤甚，吉星湊合減災危。」

入限斷訣歌曰：「忌星入廟反為佳，縱有官災亦不傷；一進一退名不遂，更兼遇吉保安康。」

又曰：「二限空中見忌星，致災為禍必家傾；為官退職遭贓濫，胥吏須防禁杖刑。」

又曰：「忌星落陷在閑宮，惡殺加臨作禍凶；財散人離多疾苦，傷官退職孝重逢。」

初學斗數者，如果對這些古籍文獻資料，若不仔細做客觀分析，就信以爲是眞秘笈的話，勢必墜入萬里迷霧中，不知何去何從，怎麼也跳脫不出來。我們研究了幾十年發現，習命者若照古籍資料如法炮製，演繹斗數的四化星，其段數肯定鴉鴉烏，因你所推論出來的答案，保證都是負面的、挫折的，與實際上的祿命術落差很大，只會與斗數越行越遠，搞到最後信心、鬥志盡失。

簡而言之，錯誤的古籍論述，不但干擾初學者的思緒，更阻礙研究者的表達能力，這個障礙必須想辦法去排除，否則畫虎不成反成貓也，更別想在斗數界出人頭地。

四化星無疑是斗數推演命盤的終極標靶，學習斗數要能融會貫通，妥善運用四化星的奧妙，不要食古不化，否則正應了俗諺：「靠山山崩，靠水水斷」。換句話說，當一個人無慾無私，研究學問，方能修成正果。佛經有句話：「時空錯亂，是非顛倒；必有其因，方見其果。」

不懂斗數祿命法原理，缺乏知識涵養，缺乏邏輯概念，思維不夠清晰者，將無法透析四化星的變化，與其延伸出來的現象，若無法實質掌握四化的精髓所在，進而窺破斗數天機，盲目的替人推命，簡直是緣木求魚，對於一個人的行運，不但沒有正面的效用，反而增加負面極大的壓力。易言之，未蒙其利，先蒙其害。

理論上而言，在行運中祿星高照，就是俗稱的「行好運」；忌星來襲，則稱之爲「行壞運」。由於祿忌星所進入的宮位，乃是屬於不特定的，因此好運、壞運就必須要有所區別。也就是說，必須依據祿忌星所落的人事十二宮稱，來加以辨別該事項的吉凶。而非江湖算命鐵口直斷式的，說「恭喜閣下，這步大限是個千載難逢的吉運，無論想幹什麼啥事，無不得心應手。」，亦或「這是個倒楣的十年運程，閣下此限危機四起，每下愈況，最好按兵不動，免得動輒得咎。」這種江湖式的套命術語，就是柏楊先生所說的醬缸文化，這也是長久以來，命理學家的最大通病。

二、四化星的用法

四化星的主要功能，在於凸顯、調整和一些催化主輔星曜的作用，蓋因斗數命盤是整體性的，只要牽一髮就動全身，化星能讓斗數星盤的磁場，整個活潑生動起來。所以，斗數中眞正改變的並不是四化星，而是被這四顆化星所牽引出來的主輔星曜。簡單說，因爲有化星來做導引，才能催化出主輔星曜的潛在能量，因此四化星絕對不能喧賓奪主，否則還排主輔星曜幹嗎？

※譬如說，武曲星落在財帛宮化祿，意思是指透過武曲這一顆星曜，把化祿帶到了財帛宮，而並非單指武曲這一顆星化祿，因此舉凡與武曲星曜有關係的人、事、物都蒙受了庇蔭。這種宮位化祿的理則，關係相當重要，可是卻少有人知，不過筆者的門生弟子，大都很了解此方法的運用。

四化星必須配合宮位來論，雖然屬於配角的地位，卻是歲限運程論斷不可或缺的原素，缺乏四化星來牽引，就無法看出行運某個階段的吉凶悔吝。且行運中四化星若不會照命宮或其它宮位，若是發也只不過是虛發而已，將無法掌管財務或掌握實權。

譬如說，先天、歲限命盤有一個好格局，而無化星這個催化劑，這種運程充其量，只不過是個「靜態」的，有如海不揚波，待人處事居於被動、消極的，樂居於安逸的生活。但若有四化星來引動的話，整個運程立馬就變成「動態」的，猶如波濤洶湧，凡事都會積極主動去爭取，也都能稱心如意，有夢最美，希望相隨，就是最好的印證。

四化星的大約用法如下：

化祿星：主機會、財祿、滿意，代表自尊、自信、力量、穩定性強，頗重視穫利，如能從一而終，則福澤深厚，多可以享受財福，衣食無缺，亦有諸事順遂的吉祥作用。這種人思慮周密，行動果決，相當懂得何時可以出手、收手，以及如何去執行，多樂觀進取，努力以赴，向前邁進，因此成功率極高。爲人處世謙恭有禮，服從性與協條性高，是一個非常優秀又稱職的幕僚人才。

1、化祿星入命宮之人，儘管汲汲不息，勞苦忙碌，但多勞碌有成，不過也因過於穩定自信，故有種守株待兔的心態，因而不想發揮其它的潛能，只想過著隨遇而安，不貪利、不圖名的生活。但反過來說，這種人縱然遭遇到失敗、挫折、損財，也是一副老神在在的模樣，因此很適合穩定性強的行業，如上班族、教師、經商…等。

2、由於化祿星的穩定作用，無論是入先天、歲限命宮時，可望緩和一下那漂泊的心，在網路快速變化的現代社會，與個人內心一片忙然中，偶爾可以放鬆心情，清淨下來，享受一下財福的樂趣。而且凡事都很淡定，無所強求，不會像拚命三郎那樣奮鬥不懈。這種人只願坐享其成，過著怡然自得的生活，所以什麼事都比較懶散，能不動就不動，能坐著絕不站著，也不太喜歡波動性行業。

這種人雖然慾望不高，卻較貪圖個人享受，常以自我爲中心，私心仍然較重，不太在呼外境的變化，或關心別人的死活。戰國時代初期魏國的思想家、哲學家楊朱，主張極端的個人主義，其學說「拔一毛以利天下而不爲」，正是這種人的寫照。

3、先天命盤上化祿星所落的宮位，必定會成爲一生中努力追尋，最關愛的重心目標，然後朝此方向前進，只要堅定不移，鍥而不捨，總會有時來運轉的一天。如化祿星落於夫妻宮，就會勇敢積極追求愛情，也會向對方坦然表白，因此姻緣的成功率極高。落於官祿宮，就有汲汲於追求事業的慾望，於是就日以繼夜，勤勉不倦的打拼，爲的就是希望能擁有一番事業，也從積極努力中來肯定自己，有拓展業務的才華與能力。

反之，化忌星所侵入的宮位，將成爲一生困擾、壓力最大的惡夢，終日如履薄冰，如履深淵，生怕有什麼風吹草動的，常感到心神不寧。

4、命無主星或格局太過於柔弱，歲限行運若逢化祿星會照，的確是有增強的作用，只不過是發也虛發，好景不常，如同曇花一現。

5、根據命理的經驗法則，與我們長期性對斗數的觀察，一個人的命盤上，歲限都碰不到化祿星來加持，亦即運勢背到谷底，根本無吉運可走，這種人肯定一輩子也不會發財。此時，爲避免前功盡棄，留住錢財的不二法門，就是不要輕易亂投資，或加碼挹注大筆資金，亦或把公司、工廠擴大經營，一旦處理不善，將會把一個大限所累積的財富耗損掉。

6、流年命宮坐擁大限的化祿星，表面上看起來比別人風光，可能有機會檢現成的便宜，不過畢竟此祿星乃是大限的化祿星，流年頂多是坐享其成而已。

化權星：主意志、信心、競爭，代表權威、權柄、固執、慾望、行動力，凡事主動積極，企圖心強旺，注重權力追求，重視效率，有強制主宰他人的霸道思想，也可說是極端自私的人。「外在」象徵、威權、權柄、官銜權力之發揮；「內在」象徵，充滿幹勁、執著、主觀意識強烈。不過和這種人打交道，會有棋逢對手，將遇良才，相互欣賞的快感。

化權星入命宮之人，有時相當堅持己見，自以爲是的不肯變通，甚至已經到了不通情理，得令人討厭的地步。尤其是三方諸宮，遭遇一干煞星來沖擊，即有可能採取更偏激的手段，來獲取名和利，但若太過於急功近利，結果卻適得其反，一件事也沒能做好，嚴重者身陷官司中。正如俗諺所云：「偷雞不著蝕把米」。

化權星如與化忌星同宮，不僅固執己見，專斷獨行，懷疑心也加重，行事往往不擇手段，不顧成敗，此外還帶有「一將功成萬骨枯」的意味，所以人際關係始終惡劣，有時真搞不懂該如何與這種人相處才好。

化科星：主聰明才智、做事有方、處事條理分明、講究原則、多珍惜習羽毛、潔身自愛。此星具有法律規章的涵意，代表功名、名譽、聲望、自重、貴人、考運、升遷、選舉、品質、等級、類別等。如三方諸、宮拱照化祿星、化權星形成「三奇嘉會」格，再加逢文昌、文曲二星，主名傳千里、流芳百世，可從事於與知名度有關之行業。

不過，化科星與化忌星，同宮糾纏不清，情況最爲不妙，尤其是稍有名氣之人，如政治人物、民議代表、演藝歌界、社會名流，一但行社會感觀不佳或行不公義之事，被狗仔隊跟蹤拍照踢暴出來，馬上就因醜聞登上電視頭條新聞，引起民眾一致的撻伐、譴責，有些人或許就此丟官下台一鞠躬。

化忌星：主變動，代表干擾、破壞、猜忌、挑剔、不滿、失控、恐懼、危險、挫折、放棄、顧慮的一切使之不平衡的副面作用，也顯示悲情、醜惡、扭曲、恐怖的一面，凡事無法以正常心看待，甚至自己在做什麼也搞不清楚，朝三暮四的，弄得自信俱失，所以失敗率高。

這種人給別人的感覺上，看起來比較遲緩，甚至有些後知後覺，或不知不覺，對所遭遇的環境困擾，好像已經麻痺習慣了，也經常焦躁不已。

1、命宮是斗數論命的樞紐中心，象徵一個人的心理狀態，化忌星坐命之人，被干擾的是內在世界的安寧，影響的是正常運作的心理狀態，始終有種與眾不同，標新立異的想法，因此有可能征服某些事項，甚至征服全世界，可是最大的障礙（頑敵）在於自己。這種人內心始終浮動不安，有如驚弓之鳥，時刻難安，其性格思維模式，更缺乏一致性，無法持之以恆，爲人處事慣以負面意識，來看待世間相，故常有悲觀、憤世嫉俗、嫉惡如仇…等心理情緒反應，也有未戰先輸的心態。

2、擁有此命格之人，內心始終處於不協調狀態中，但因悲劇性格太明顯，對於別人的關心常存疑慮，所以有自我折磨的傾向，故身心方面飽受虛驚，行事常不計後果，有種「寧爲玉碎，不爲瓦全」的性格，因此人見人怕，常會引起他人的反彈，因此結交不到死忠兼換帖的朋友。唯有三方諸宮會照六吉輔星，才會緩和一些凶象，日常生活才能過得自在一些。

3、化忌星坐命之人的特質，常會給人有一種寡情薄義的感覺，亦有損人益己的現象，並不是可以一起打拼事業的好夥伴。不過換一個角度耳說，不能去否定這種人的正面價值觀，蓋因這種人的研究精神，頗能符合科學的精神，就是在「不疑處有疑」。只不過問題在於自己，到底能否轉移目標，如太極拳借力使力，四兩撥千斤，出奇制勝而已。

蓋因忌星亦有想改變現狀，突破瓶頸的修正作用，如果能將其破壞力予於巧妙轉化成衝勁力，不僅可以突破忌星的禁忌，與高難度的瓶頸，而成就一番豐功偉業，斗數的術語稱之爲「假煞爲權」，易言之，將小人變成可供我驅使的貴人。另一種也以類似此方法來推論，譬如命局滿盤桃花星曜，這種人天生對美麗的東西，擁有極佳的欣賞力與鑑賞力，因此可將桃花星，特殊的潛在能量魅力，導向於文藝、藝術、雕塑、創作…等正面的作用上。

4、化忌星若再遭遇一干煞星來沖命宮，則其攻擊火力超強，不僅觀念獨特，思想更是前衛，在行爲上喜歡顛覆傳統，甚至會漠視法律、道德、禮俗規範的存在，且其待人處事的方式，除了懷疑外還帶有敵視的心態，甚至會攻擊別人的意見或思想觀念，在別人正常眼光來看，簡直是荒誕不經。

照理來說，忌星若不遭受煞星攻擊，則不會被激發出負面的作用。尤其是，先天的忌星若沒有大限或流年的化忌星來引動它，也就不會引出什麼「忌害」來。

5、由於忌星的本質常會凸顯出，轉向破壞的負面作用，這種人眼睛所看到的，永遠是醜惡的一面，而且只會帶來破壞不會建設，故非常適合「利破不利立」的行業。所以，最好從事淘汰性高的行業，或本質具有波動性強的行業，或潛心研究一門專業技術，唯有這些特殊行業的本質工作，才會禁得起忌星無情的打擊。

如代表、里長、議員、立委等，因這些爲民眾百姓咨詢、代言、服務的民代本質上，本來就不是穩定與完美的事業，一旦遭遇到忌星來沖擊，雖然造成事業的一波三折，但就沒有一般行業所帶來的困擾。而且，不但不會增加工作上的困難，反而能隨時切換問政的議題，充分發揮化忌星那種，咄咄逼人的特異性。

林註：

這種人由於內心動盪不安，也經常會意氣用事，但若能妥善運用這種心性，從事一些先破壞再建設的業務，如稽核、品管、修築、抓漏、外科醫生…等，成就仍然卓越。也就是說，斗數沒有什麼吉凶星曜的區別，只是這顆棋子擺的位置，對不對而已，那才是最大關鍵的重點。

譬如說，當一個人在走劣運時，如果是循規蹈矩的上班族，必定備受干擾而憂心忡忡，但若是科學家、外科醫生、藝術、文創、雕塑、陶藝…等專業工作者，不但不會肇凶，反倒主吉祥。蓋因那種破壞、干擾之事，會被轉化（激發）爲突破困境的潛能。也就是說，技術行業本身就具有獨佔性和排它性，不僅不會受到景氣或環境的影響，反而如魚得水，如鳥歸林，成就更高。

6、若先天或大限、流年只見忌星而不見祿星，其趨吉避凶的方法有二。一是隨著忌星起舞，即多從事於波動性方面行業，如旅行業、地理師、攝影師、旅遊節目、綜藝節目、業務行銷…等之類，而儘量不去接觸靜態性的行業，如老師、上班族、門市部…等。二是幫人成事，爲人作嫁，暫時隱匿自己的才華，獨善潛修，韜光養晦，以待黎明的來臨。三是守株待兔，以靜制動，因忌星會使只攻不守的人，動輒得咎，勞而無功。

化忌星大致上的論法如下：

(1)、先天命宮是根基所在，若被大限忌星沖破，等於樹根都爛了，縱然其它三方諸宮結構在好，也無濟於事。先天、大限、流年的命宮，最懼怕忌星在對宮來沖。《斗數全集・觀方十喻》歌曰：「對方吉迎面春風，對方凶當頭惡棒。」

(2)、化忌星沖擊命宮，在一般普通格局或無格局中，不一定有什麼忌諱，但若是沖「羊陀夾命」，則災情慘重，特別是命格強旺的人，其所受傷害的程度，往往會超出想像之外。

(3)、至於「羊陀夾忌」入命，這種人挫敗意識強烈，充滿濃厚的悲觀色彩，更有自我折磨，自我害的傾向，這是斗數少見中的大敗局。因別人老是會挑剔他的毛病，弄得他信心大失，以至所作所爲，多半鎩羽而歸。

(4)、雙忌夾制某個宮位，主限制及干擾，有如腹背受敵，代表外在環境是惡劣的，常有很多無形或莫名其妙的阻礙，雖晝夜不息地奔忙，結果仍是功虧一簣，內心眞的很無奈。（如雙忌夾夫妻宮，可能選擇同居而不入戶口。）

若雙忌夾先天或大限的命宮，會使本人的精神狀態，處在於一種被迫波動，或隨波逐流的環境中，有如芒刺在背的感覺，縱然日以繼夜打拚，結果大都不盡如意，甚至沖擊越大，反彈越大。

(5)、先天化忌星入本命的夫妻宮，多主遇到的對象都不滿意，不是懼怕結婚，就是磋跎婚姻，因忌星會干擾正常的婚姻態度；反之，則甚合我意。後天化祿星進入先天的夫妻宮，則表示會被人追求，要不然就是去追求別人，導致內心會產生一種這山望那山高的迷惑。

(6)、若大限化忌星侵入先天夫妻宮，會使本人對配偶產生反感，不論在性生活上或日常生活瑣事，都有一種不滿意、挑剔或排斥作用，至於真實情況如何，則必須細查夫妻宮三方的格局而定。而先天夫妻宮化忌，後天夫妻宮化祿，心理上就會產生一種喜新厭舊的心態。（夫妻宮見祿、忌星來牽引，一般外遇機率的確會高一點。祿星不入流年夫妻宮，則比較不會有越軌行爲。）

(7)、財帛宮自坐忌星，但被雙祿所夾輔，而福德宮又見化忌星，所呈現出來的現象，將是一種惡性的連鎖反應，愈借貸經營，負債愈重，財務狀況就會陷入泥淖，而無法自拔。（賭徒最懼怕此兩宮被忌煞星侵入。）

(8)、大限官祿宮化忌，又遭雙忌夾擊，形成「雙忌夾忌」，絕對是個大敗局，走到這種倒楣年份，無論如何披星戴月，勤勉努力，不懈怠工作，總是有時不我與的感覺，難免感嘆萬分。忌星沖擊大限官祿宮，此去十年對事業的執掌、經營一定帶來不良的後果。想創業者，最好不要選擇在此限期間開公司，這是個壞的開始，以免白忙一場，徒勞無功；一般上班族者，此時內心多浮躁不安，蠢蠢欲動，想調職、換業（換老板）…等，不過最好打消此念頭。

(9)、命宮坐化忌星的人，通常其財運的根基太過於薄弱，最好不要勉爲其難去做生意買賣，因無論如何努力打拼，總是一波三折，危機四起，每下愈況。縱然歲限行運吉時，也僅是曇花一現而已，正驗證了台語俗諺：「錢四腳、人兩腳」，只能仰天長嘆，徒呼奈何！

筆者有位學生先天與每一個大限的化忌星，皆沖破先天的財帛、福德二宮，筆者一直勸她不可胡亂投資，可是她財迷心竅，完全聽不進去，當做耳邊風，偏偏要去跟別人競標法拍屋，搞到最後賠了夫人又折兵，天天被債主追著跑，現在已經不知去向了。

(10)、行運中化忌星入財帛宮，要注意其理財能力與使用金錢是否得當，因這種人總是花錢無度，不知節制，想要克服也難。忌星入福德宮，除了要留意思想上的變化，更要觀察此時是否有憤世嫉俗的心態，若以賺錢而言，應以求「間接財」較為適合，亦即採取先服務再收費方式，如薪資、工資、佣金、獎金……等，或以賺「轉折財」為宜，如代（加）工業、仲介業、業務行銷……等財源。

(11)、先天命宮「化忌」，歲限田宅宮又有「化忌」時，心裏就會有一種坐臥不安，憂心忡忡的感覺，所以常會做出一些莫名其妙，讓人無法想像的決定，正如俗諺所云：「人拉不走，鬼拉拚命走。」

(12)、雙忌夾制田宅宮，又遭遇到忌煞星的沖擊，是繳不起房屋分期貸款，亦即無錢供養一間房子。甚至，被貸款銀行送到法院拍賣，不僅有破產跑路之虞，甚至搞到最後妻離子散。

三、四化星的呼應

四化星的「化」字，也代表喜歡、希望，以及擁有想像力的空間，甚至於有改變之意，但可不一定有機會、有能力、或有實力就可以掌控的，因它的用途只是居於輔佐地位而已，它無法操縱整個命盤，一個人的命運能不能峰迴路轉，突破瓶頸，那得要看十八顆星曜而定。我們認爲四化星的最主要功能，是用來修正先天命盤或大限、流年，在行運中與環境的一種催化元素，再觀察四化星的軌跡，進一步評估其吉凶的作用如何？

如大限的化祿星，進入了大限的命宮，表示此命造者在這十年中，內心趨向於篤定，自信十足，比較傾向於安定，當然就不必像以前那樣的奔波勞碌了，因此延續舊業將比另外創業來的有利。如化祿星落在三方諸宮位，則表示在這十年中，外在環境對此大限的運程有強化的作用，當事者內心可能摩拳擦掌，躍躍欲試，想要嘗試變動某些事項。不過想歸想，真動起來的機率反而不高，原因在於坐祿星。

大致上來說，大限的四化星，對先天命格有進行修飾的作用，這才是大限的重點所在；而流年的四化星，對大限命格有進行修飾的作用，這才是流年的重點所在。也就是說，重點不是在大限與流年的格局如何，而是命格受到大限四化，亦或大限命格受到流年四化的牽動，產生化學變化（質變），這才是斗數的理論法則，才讓斗數有轉折起伏、變化多端的潛在功能。命盤藉由四化星的引動來修飾、強化某些特定的主副星曜，而產生某些宮位的突顯作用，使得一個命造者，較有機會達成心中的目標，此時只要勤勉努力不懈，成功將指日可待。

因此，生年干四化和星曜的結構組合，也就成爲這個命盤的特質條件，至於大限或流年的四化，在不同的年齡階段，也各自代表一個人當時的心理因素和環境狀況，而造成一種特有的命理作用。譬如說，不論是先天或大限、流年，化忌星所侵入的人事十二宮稱中的任何一宮，就會凸顯出該宮稱所暴露出的缺點與不穩定性，亦即負面的作用，可能產生的挫敗或致命傷，此時該宮位的障礙必須去排除，不然也要想辦法避開，也就是說不要去呼應它，才能達到趨吉避凶的目的。否則一但發生失控又無法掌握時，便有無法克服的挫折及阻礙，有時會搞得心神不寧，坐立難安。

四化星原則上的看法不外乎，祿星進入大限的夫妻宮，暗示此時紅鸞星動，若男有意女有情，此時可以論及婚嫁。祿星落在大限官祿宮，主這十年無論謀職、陞遷、營商、業務、銷售，多能如願以償，一帆風順，卓然有成。

但忌星侵入大限財帛宮，則暗示此去十年生意人利潤降低，必須採取以量取勝，才能立於不敗之地。上班族者，不僅加不了薪水，而無謂的開銷特別多。忌星侵入大限遷移宮，多主外出多不利，人際關係惡劣，無法與人一見如故，嚴重者有意外車禍事故發生。

一般來說，祿星來牽引，多主良性的作用，如能積極乘運而起，其成功率可能會讓人大吃一驚；但忌星來干擾，多屬於惡性的循環，一般初學斗數者都聞忌色變，認爲其失敗機率太高了。

祿忌星曜所謂的牽引或干擾，另一個作用功能，就是顯示生命歷程中的重心所在，都在暗示某種宮位的狀況，即有「可能發生」，而並非是「必然發生」，可能而非必然的重點，在於需要滿足一個先決條件，就是有否去做「呼應」的動作。

亦即當事者內心的想法，與命理的事項接合，並付諸實際行動，才可能產生預期的效果。也就是說，雖然命盤歲限行運走勢相同，但當事者在不同的時空背景下，所提拱的呼應資訊之事，不可能會一樣，所以命運當然100％迥然有別，如無法釐清此邏輯觀念，替人論命簡直是空口說白話。

如流年財帛、福德兩宮有破，只要沒有借貸給別人，不簽六合彩、不買樂透、不賭博，就不會呼應破財運的凶兆。官祿宮吉祥，想謀職、換業、升遷，立馬行動，即感應吉慶。也就是說，一個人歲限運程，無論吉格也好，凶格也好，只要當事者欠缺「呼應」這道手續，保證什麼事都不會發生。蓋因同命盤（共盤）者眾多也，這一點在爲人推論命運時，是不得不知的一件重要大事，正如同中醫師在爲病人把脈診斷時，必須得「望聞問切」，才能對症下藥，病患才會藥到病除。

筆者有個二十多年的老客戶，是一對雙胞胎姐妹，但個性迥然不同，行事作風也不同，兩人都非常優秀，長相甜美，身材皎好，侍親至孝，心地善良，待人熱忱，工作負責盡職，兩人分別在不同的行業領域，努力打拼。經筆者長年輔助之下，姐姐買了三棟房子，可是妹妹身上若有閒錢，就想環遊世界，不太想背負房地產貸款的壓力。

一〇七年兩人婚期已至，姐姐帶著男友來咨詢當年婚姻可否，經仔細比對兩人的命盤後，雙方都很適合婚嫁，於是建議兩人去結婚，婚後一〇八年二月即產下一可愛女嬰。妹妹雖有一位知心男友，卻一直沒有想要結婚的念頭，因此至今雲英未嫁。爲何雙胞胎姐妹的際遇會有如此差異呢？這就是我們所強調的「呼應」條件，此條件若不成立，保證啥事也不會發生。

簡單說，歲限行運的祿忌星所在宮位，就是吉與凶的分際，也就是一般命理師所謂的，閣下目前是在走什麼運？然後從此方向出發，邁開大步，夙夜匪懈，全力以赴，往往可以獲得實質上的名利與財富。如行運中化祿星進入了財帛宮，俗稱「走財運」，謀取財富，有如桌上取柑，手到擒來。

而化忌星進入了財帛、福德二宮，俗稱走「破財運」，不僅求財希望渺茫，恐怕比海底撈針還難，更因不懂得開源節流，破財卻很容易，故經常有入不敷出的窘況。如命局結構不吉，嚴重者，貨款難以收回，資金被擠壓，導致自己或公司周轉不靈，跳票、倒閉、破產。次重者，商品利潤減低，進財難破財易，經常手頭拮据，入不敷出。輕者，收入減少，無謂的開銷特多，口袋經常捉襟見肘。

原則上來說，儘量去呼應吉事（祿星所落宮位），並往此方向前進，那麼此時的命運，就由自己來掌控；遠離凶事（忌星所落宮位），並且忘了它的存在，才不會整日煩惱忌星的負面作用，何時會襲捲而來，那你就是一個被命盤所主宰者。這才是斗數祿命術的趨吉避凶之道，也是推演命運的正面意義。

譬如說，在歲限的行運中夫妻宮不吉，只要不去呼應男婚女嫁，就沒有婚後幸不幸福的問題。福德宮不佳，只要不去呼應投資、借貸，也就不會有損財的事發生。官祿宮凶，只要不去呼應開公司行號，自然也就沒有成敗的問題。遷移宮凶，只要不去呼應行船走馬，也就不會發生意外事故…等。又如修行、和尚、道姑、比丘尼等人，夫妻宮結構如何，對他（她）們來說又有什麼意義呢？就算夫妻宮再怎麼吉祥，也無從去詮釋會有怎麼樣的婚姻現象。

全世界所有的人，連做夢都想追求名和利，於是便積極參加各種社團、廟會、公會、公益、文創、政黨…等組織活動，希望能對自己有些助益。這些種種活動在日積月累下，自然就會產生各種不同的質變，而質變內容吉凶最主要的因素，就是斗數的催化劑，「四化星」是也。

不過，在人生漫長的旅途中，當一個人內心無所欲求，將功名利祿視若浮雲，凡事與世無爭，只想過著閒雲野鶴的悠閒生活時，就算大限、流年格局吉利，又碰到四化星來催動，也起不了任何的漣漪作用，因其心態不想作任何的改變，當然也不可能有什麼作爲。

可是，當一個人的企圖心和野心熾盛時，其活動能量，是不可小覷的，一旦下定決心想創業、經商、置產、升官、發財、結婚…等，此時四化星就派用上場，至於盛衰如何，立馬就見眞章。這正符合命理上的條件，以先天的稟賦，加上後天可能的機運和力行，如此方能峰迴路轉，眼前又是柳暗花明。

這就是「不動不斷」的斗數原理，筆者在教學生時，一直在強調這種論述，爲人推命才能保證無咎。譬如，四化星進入歲限的命宮時，表示在這個階段的時間裡，自己內心意志有想改變的傾向，若落在其他宮稱時，代表外在環境的某種誘因，至於誘因的性質是什麼事情，只要觀察四化星是落在十二職事宮位的夫妻宮、財帛宮、遷移宮或官祿宮…等，便知所趨避。

習斗數者，論命想要提高準確度，除了頭腦思路要清晰外，更要有厚實的斗數理論基礎，和靈活的論命技巧，再配合現實社會環境，將命理與事情的走向，完美結合在一起。簡單說，當環境的變數越大時，自己能掌握的越渺小，蓋因世界環境是一個大磁氣場，必然會影響個人的小磁場。譬如說，天崩地裂、天寒地凍、瞬間意外、暴風雨、地震、颱風、戰爭⋯等等，是人類完全無法預測的，此時的命理五術學，有如英雄無用武之地，完全無法發揮它的功能，這麼簡單的道理不可不知。

四、行運中的四化星該如何推論

世間事不是成功就是失敗，當事者行運的榮枯興衰，絕對與化祿、化忌此二星脫不了關係。至於四化星在歲限運程的用法，當然是有所區別的，如能夠充分掌握並加以運用，便能觀察行運的吉凶禍福，成敗得失。這種區別的原則就是，無論所探討的事項是什麼，只需要用到兩個命盤，即可。

第一、欲想要探討每個大限的興衰更替，只要觀察四化星，落入先天亦或大限何宮稱，再將本命和大限的宮稱兩者相疊合，就能釐清先天與大限的關係。

第二、在論斷流年趨勢時，只要對照四化星，落入大限或流年何宮稱，再將大限和流年的宮稱兩者相疊合，此時本命的四化星就捨去不用了。除非是人生一項重大的改變，如結婚、創業、合夥、改行、健康⋯等，此時不得不回頭，斟酌本命的基本結構。

第三、細查流月的得失時，大致上也相同用法，只須用流月四化與流年四化，這兩種就可以，而把大限擺在一旁涼快去。

依筆者多年的實驗和統計，在探討歲限運程得失時，只要用到八顆四化星，行運中的運程自有清析的脈絡可循，如此方能捕捉該欲知的事項。易言之，只要大限四化配本命四化，流年四化配大限四化，流月四化配流年四化即可，斗數越簡單化，越能看出其端倪，搞得太複雜，連自己都迷失了。

古籍資料對四化星中的化權和化科，由於在原始的作用設定時，只考慮當時社會的科舉制度，因此有些偏離主題。如從前的人認爲命局中見到化科星，必然金榜題名，高官厚祿，猶如探囊取物；會照到化權星，肯定權柄在握，兵權萬里。以瞬息萬變的現代社會來說，學生在校的考試成績如何，畢業後能否進入理想的公司，還得要看自己夙興夜寐，勤勉不息的程度（即實力）如何？與化科星的照臨，並無任何的直接關係。至於一個人能否掌握權柄，以及何時可以掌權，也與化權星的會照，絲毫無關。

四化星中的祿權科星，古書稱爲「化吉」或「吉化」，忌星則主凶禍無疑。一個命局、一個大限、一個流年的，每一種四化之中，都是三吉一凶，這是斗數非常特殊的一種觀念，後學者無法得知其中究竟。研究命理學，必須要有嚴謹的態度，絕不能昧著良心，憑空臆造事實。剛正不阿的命理師，必須針對當事者的命盤分析對與錯，以及辨別出眞與假，絕不盲從於流俗。

因此，筆者不論是教書也好，幫福東推論行運也好，長久以來，都只使用化祿和化忌兩顆含有對等關係的星曜，原因是求其單純性及有效性，而將化權和化科二星，束之高閣，幾十年來也沒有出過任何的差錯，除非是當事者有特別需要時，才會用到化權和化科星。

林註：

有一種情形較爲特殊，歲限有可能在不同的宮位，而化祿星與化忌星所牽引的軌跡，也是呈現不規則的狀態，卻要分辨出其中吉凶的主、副關係。也就是說，大限的祿忌星對於流年吉凶，或流年的祿忌星對於大限吉凶，該以何者爲重？這種盤根錯節的難題，必須仔細分辨，理出頭緒，才能達到命理學上所說的趨吉避凶。

因爲星曜的結構和四化星的牽引，在命盤上先天、歲限的交叉運行，是相當難以有效掌握的，若對斗數沒有長期的累積經驗，保證讓人看得眼花撩亂，無法有效正確的找出吉凶方向。這也就是許多學習斗數多年卻一直困在星曜（宮）中打轉，而無法很確切的論命，最重要的盲點即在此。易言之，這層關係一旦無法融會貫通，替人推論行運的消長，猶如問道於盲，問到門外漢了，必然不可能切中要點。譬如：

(1)、一是大限的化祿星，落在先天命局的三合宮，而化忌星，進入了大限命局的三合宮，表示這十年的行運，雖處處受到阻礙，麻煩事會出不窮，但因先天宮位根基紮實穩固，所以依然可以安全渡過危機。二是大限的化祿星，入先天命局的三合宮，如大限、先天兩宮稱結構完美，在這種情況下，此去十年的運程，將所向無阻，勢如破竹。

反之，三是大限的化祿星，入大限命局的三合宮，但化忌星，卻侵入先天命局的三合宮，表示這十年的好景不常，歡樂的日子總是稍縱即逝，想出人頭地，幾乎是不可能的事。(流年與大限的互動關係，依此類推。)

(2)、大限的化祿星，進入了大限的財帛與福德二宮，但化忌星卻進入了流年的財帛與福德二宮。這表示延續性(舊業)的行業，依然有獲利的機會，可以繼續賺錢。

不過流年時運不濟，是個不利於短期投資的環境，倘若冒然殺進場，肯定破財無疑。

商人的話，舊業仍然有利可圖，流年要防範貨款難收，以及呆帳的問題發生。

上班族者，流年更甭想要加薪，那將是遙不可及的事。

(3)、反過來說，大限的化祿星，進入了流年的財帛與福德二宮，但化忌星卻進入了大限的財帛與福德二宮。這表示流年短期性的投資，儘可大方進場，且能獲利了結；至於舊業長期性的投資，到今年恐怕要陷入一番苦戰，所有獲利的空間都被壓縮，不但賺不了錢，甚至賠錢了事。

生意人的話，舊業將受到阻礙，排除困境都來不及了，哪還敢啥望什麼利潤呢？

上班族者，流年春風得意，求職、加薪可望趁心如意。

(4)、大限的官祿宮，被流年的化忌星沖破，所彰顯出的困擾問題，仍是今年為此大限以來事業最不順利的一年，延續性和長期性投資行業，處境相當艱難，容易招致過失。上班族者，最好安份守己，別想轉換工作。

(5)、大限的化祿星，進入了流年的官祿宮，表示今年的事業將可蒙受到，此大限所累積下來的資源，本年不必太過勤勉努力，也不須要做任何的變動，「守株待兔」，即可稱心快意。

(6)、化忌星入遷移宮，暗示狀況來自外面而來，往外發展常有阻礙之事發生，不是業務停頓就是半途而廢，總是無法如願以償。由於人際關係欠佳，新產品根本就推銷不出去，甚至有不測意外血光之災。若該宮有煞星盤踞，事情將更爲棘手，蓋因化忌星挾煞星去沖擊命宮，所受的傷害程度，不只是工作上的不順或煩惱而已，極可能帶來了身體上的傷害，不得不特別小心。

(7)、祿忌二星無論落在哪個宮位同宮，表示該宮位吉凶並見，格局稍略有些瑕疵，好壞事情都會一起逗陣來，不過也不用太過了於擔心，畢竟所呈現的只是一波三折，不太穩定的狀態而已。如在夫妻宮，雖代表夫妻恩愛，鶼鰈情深，但也難免有意見分歧，喋喋不休的時候。如在財帛宮，可能營業毛利，日進斗金，但無謂的支出卻突然增加，或莫名奇妙的破財。如在官祿宮，則是求職、升遷、調職，大多能一帆風順，但也可能因一時的不小心，或忘記、疏忽了，而導致業務上一連串的錯誤。（上述舉例，必須斟酌主星曜而定。）

十六、先天本命與後天行運

十六 先天本命與後天行運

命理所謂的先天，即指先天命格所賦予本質、條件的基本「靜態」結構，後天則是指歲限行運「動態」的生命周期表現。理論上說，先天命格和歲限行運的起伏曲線，有著綿密、不可切割的關係，因此在推演命例時，必須將兩者交互運作，才能洞悉一個人的禍福消長。也就是說，「命」是指身不由己，與生俱來的性格特質，以及內心的思維模式。俗諺不是說：「江山易改，本性難移」嗎？

至於「運」則可從兩個方面來探討：

一、是檢視先天命局結構的條件，能否在歲限的運程中，發揮其潛力、特質，與消長變化如何？

二、是行運中的每一個階段，其思考模式、理念與環境，是影響個人意願與心態的主要因素。由歲限行運的脈絡中，約略可以看出大限對於先天，到底是強化其優點呢？抑或暴露出它的缺點呢？

所以，如果論命只光在先天打轉，告訴顧客你（妳）是什麼樣的性格類型，就鐵口直斷，某人這一輩子肯定能大富大貴，家財萬貫，又某人此生必然貧窮了倒，孤苦伶仃，然後端茶送客。這種推命簡直棄後天行運於不顧，充其量命只能算一半而已，實在令人無法苟同，碰到這種兩光的算命仙，不算也罷，免得心裏被攪得七上八下，不知該如何是好，花錢又不能消災，只能自認倒楣了！

筆者研究斗數已有三十多年的經驗，肯定答案並非如此，因這種毫無重點，從頭到尾不知所云的推命，與實際行運的結果，完全是南轅北轍。一個人不管先天是什麼樣的命格，必須也得運程來配合，才有富貴貧窮的根據，否則有命而無運，一切便是空談了。

斗數先天本命盤的十二宮稱，以所落星曜宮位三方諸宮格局，做爲靜態的描述，而面對一生運勢起伏的動態過程，則採用大限和流年加以考察。大限以陽男陰女順行、陰男陽女逆行的的方式區隔法，每個人皆以十年爲一大限，從命宮起大限，每個十年變換一個宮位，重新訂定格局，一個人在人生的旅途中至少會經歷六、七個大限。由於相鄰兩個大限命宮內的星曜與格局，肯定不會屬於同一系列，其性質也就迥然有別，因爲大限順逆行的走勢不同，行運難免有其差異性。

命宮坐守的星曜，常會顯現出一個人的個性，爲人父母親都知道，嬰兒在呱呱墜地後，很自然的就有個性上的喜忌反應，所以必須經過第一步大限的學習階段，方有能力透過語言、教育、動作來充實知識，由於第一個大限可說是成長的最佳修正期，因此由命宮起大限是很自然的事。

易言之，第一步大限對整個生命的影響是一輩子的事，而不是過了此限就拉倒了事。如以父母宮或兄弟宮作爲第一步大限，若也能精準的推論出運程的走勢，此人大概是大羅神仙下凡也！命理五術不是用套的，而是要放之四海皆宜，必須適用於任何一個命造者才符合。

依筆者三十多年教書的實驗，命宮當然要起大限，斗數最古老的典籍《清朝木刻陳希夷紫微斗數全集》上規定，命宮是後天行運大限的第一步，此說並無任何的異議，也被習斗數者所認同、採用。

大限使用十進法，將人一生的歷程，分成幾個段落，再把影響每個時期的因素歸納出來，反映先天命格的痕跡，成為斗數祿命的立論基礎。概人的一生發展階段都是有順序的，例如：

第一個大限在命宮，前後有父母、兄弟二宮相夾，表示尚在幼兒學習時期，需要家庭來保護。

第二個大限在兄弟或父母宮，是就學年齡，也是發育期的階段，在父母家人的羽翼下逐漸成長。

第三個大限在夫妻或福德宮，是考試、就業、結婚等社會活動時期，也已經是到了成家立業的年齡。第四個大限在子女或田宅宮，此時已經成爲一家之主，是生育子女、自建家庭（置產）的時機。

第五個大限在財帛或官祿宮，此時以事業、名分、地位、財利爲重心的顛峰期，事業、錢財收入通常較爲穩定。

第六個大限在疾厄或奴僕宮，屬於人情世故及屆齡退休的時期，往前看來日無多，往後看則多回憶，此時期宜要多注意身體的保健，和享受朋友之間的關懷。

第七個大限在遷移宮，已是日落紫禁城（黃昏），逐漸被蓋棺論定了，此時該看開一點，易經云：「看開想通」四個字，方可安享天倫之樂或四處旅遊、聚會，活動身心。

一、大限與本命的關係

先天與後天的關係是這麼看待的，每個十年大限的運程，都在先天命局的管轄區域。也就是說，大限宮內的星曜組合行運的拋物線，與命造者一生先天的潛能發展，具有互相調節的力量。易言之，每個大限的所作所爲，無一不與本命局的性格有關，俗云：「性格決定一切，態度決定高度」，蓋因每個人命運迥然不同，全是拜大限所引發出來的。

不過，推演命例當有前後順序、輕重緩急之分，否則未免過於粗糙。行運消長是後天所遭遇的事項，依理當用大限和流年的外在三方星曜的組合，來推敲行運的吉凶悔吝，而不必去考量先天星群結構的優劣。上述問題看似很簡單，卻是一門方法和技術分析的功夫，對於「生牛仔（生手）」常搞的如墜入五里雲霧中。那麼該如何拿捏才能恰到好處呢？簡單說有三：

其一、看此大限三方星曜的結構如何，以及十二宮稱中吉凶分佈如何？當然宜選擇往吉方向發展，避開凶方位的位置。再細察此運程中到底是轉換職場好，亦或跳出來創業好呢？結婚好亦或置產好呢？求功名好亦或求財好呢？如此才能事半功倍，免得多繞一些冤枉路。

其二、在國際化的衝擊下，如政治、科技、經貿和食衣住行，在任何的一個大限進行中，命造者對於網路世代溝通的管道，愈來愈多元化的情況下，必須全面衡量其中的利弊得失，調整出對自己最有利的戰略位置，才能立於不敗之地，出人頭地。

其三、流年的管轄權是大限，推論流年的趨勢，得搭配大限來判別，與本命局無涉，先天命局到此鞠躬下台。在大限主宰的十年漫長歲月中，若想瞭解某些年份的機運如何，那就要如地毯式逐年地搜索，以判別流年的優劣點在哪？或該如何拿捏才能恰到好處。

林註：

(1)、研究命理哲學跟其他的學問，方法大致上相同，必須大處著眼，小處著手，亦即要了解宏觀與微觀，這二個重要的觀念，才能推論一個人命運的窮通禍福。所謂的宏觀又稱巨觀，顧名思義，指的就是從大方向、大原則出發，然後才是枝節細末的說明；微觀亦稱弱觀，則倒過來運用，它是由細節出發，然後沿著大方向、大原則一路上去。

(2)、也就是說，命盤一經排出來，正確的論步驟應該是，首先得瞧瞧本命格結構的優劣（宏觀），次再探討歲運的得失（微觀），即所謂的命也、運也、時也。

(3)、至於在歲運的運程方面，亦有它自己運行的軌道，先是斟酌大限宮位的消長如何（宏觀），再來是審察流年、進而流月、流日的吉凶（微觀），如此一路下來，即所謂的時也、運也、命也。

二、流年與小限的差別

推算一年的運勢吉凶，港中台斗數界目前分成兩派，一派使用小限法，一派採用流年法，兩派涇渭分明，各自宣稱自己所學的才是正統，台灣俗諺：「賣茶講茶芳，賣花說花紅。」（老王賣瓜、自賣自誇之意），這也是斗數學習過程中，備受疑惑、爭議的話題。

坊間有些老師將兩者混合使用，說小限是因，流年是果；亦有些老師說流年是因，小限是果。或是用流年來判斷一件事件的吉凶，用小限來追蹤事情發生的前因後果。甚至有些老師認爲小限代表命造者在這一年中，因心態上的思考模式改變，個性和行事作風自然也跟著轉變，而造成本人的行運起伏；流年則主一年中的社會環境結構改變，用來推測個人所無法掌控的國內外局勢，如黨派、選舉、政策、天災、戰亂、恐攻……等。大師們各說各話，莫衷一是，讓人無所適從，俗諺：「甘蔗，無雙頭甜。」但無論如何，都代表一年內的心理狀態，至於效果如何，我們不得而知。

以行運的田宅宮而言，若三方遭遇忌煞星來沖擊，有些派別認爲，流年代表家人會出問題，至於小限則代表問題出在自己。

以研究斗數立場而言，我們希望「把上帝的歸於上帝，凱撒的還給凱撒」，不能包山包海模擬兩可地含混帶過，否則準會糾纏不清。譬如說，從台北坐車到屏東去，要選擇坐台灣高鐵或自強號火車，你(妳)只能選擇其中一種車來坐，不可能一腳踩著台灣高鐵、另一腳踩著自強號火車，否則還沒發車，你(妳)就已經跌跌撞撞，摔得鼻青臉腫，哪能到達目的地呢?不僅上帝救不了你(妳)，凱撒照樣也救不了你(妳)。

小限與流年重疊的機率是25%，筆者推算一個人的運程，這兩種方法分別都試驗過多年，證實使用小限法準確率不太高，流年法則成效較令人滿意，自此捨棄小限法，改用流年法來判定一年的吉凶悔吝，頗得客戶的欣賞與信任，二十多年來也沒出過什麼問題，不過這只是筆者的習慣用法而已，讀者喜歡採用哪一種方法，悉聽各人尊便。

小限的問題頗多，如各人的順逆起迄點不同，但同樣的流年，小限卻落在不同的宮位，可說是沒有規則的亂飛，著實有點紊亂。至於流年的位置與太歲同宮較為固定，每一年則依順時鐘移一宮，如一〇七年的太歲在戌宮，流年的命宮也在戌宮，一〇八年的太歲在亥宮，流年的命宮也在亥宮…依此類推，所以又稱之為流年太歲。

但有些人持反對的看法，理由是一〇七年戊戌年，如果所有人都用戌宮的星曜推命，有些不太合理。其實，這種担心是多餘的，雖然流年太歲同是戌宮，但其三方諸星的結構不一定雷同，即使相同（在台灣九十人有類似的共盤），每個人的大限和大限宮干，也未必會相同，行運運程的軌跡，自然迥異，不必為此操心。

林註：

個人的看法是，流年是每個人都在今年當下的時空中所共有，至於小限則有個別差異性。用膝蓋想想也知道，流年怎麼可能會有兩個命宮呢？

三、流月、流日、流時該從何宮推算

「流月」的定宮方式，依傳統的方法是先找出斗君的位置，也就是說，在定流月宮位之前，必須確定斗君的所在。而流月的定宮方式也有四種，

其一、用生年取斗君－即從生年地支位置起算，先逆行至生月的宮位，再由此宮起地支子，順行到生時的宮位，即是斗君所在地。如斗君在生年的財帛宮，那麼以後無論走到哪年，斗君永遠在生年的財帛宮，不會變動。

其二、用流年取斗君↓《紫微斗數全集》訣曰：「太歲宮中便起正，逆回數至生月份；本月順起子時位，生時到處安斗君。」其安法雖與生年雷同，但是會變動的，每個流年以順時針方向移一宮，如一〇七年的斗君在申宮，一〇八年則移一宮至酉宮，一〇九年移一宮至戌宮…逐年依此類推。筆者雖偏好採用流年斗君法，但

絕不反對別人使用其他法。

其三、根本不取斗君↓直接以流年命宮做爲正月，然後一路順行，流年的父母宮爲二月、福德宮爲三月、田宅爲四月…依此類推。此法筆者曾做過一段實驗，發現其準確度不高，讀者不妨式之，研習任何學問都必須要自己去研究、體驗，方知其正確實用性如何。

其四、還有一種更簡捷的方法↓即直接看「寅」宮是屬於「本命」的那個宮位而定。譬如說「寅」宮爲本命的夫妻宮，那麼任何一年的流年夫妻宮，即是當年的正月宮位所在。如林先生的「寅」宮爲「本命」的夫妻宮，所以一〇七戊戌年的正月命宮在寅、二月命宮在卯、三月命宮在辰…以下類推。

「斗君」的重點作用，是用來排一年十二個月，至於每個月的運勢如何，則必須配合太歲十二神煞來使用。斗君所落的宮位，就是該年的農曆正月所在，以順時鐘方式逐月移一宮，如流年的父母宮爲二月、福德宮爲三月、田宅宮爲四月…依此類推。

《紫微斗數全集》上有篇「斗君遇十二宮吉凶」，如斗君在官祿宮過度，遇吉，其年月財官旺，逢凶忌，財官不顯達，勞碌奔波（全指先天宮稱而言）。古籍書上，這種竹篙裝菜刀，青菜講講的古籍文章一大堆，千萬可別相信，那絕對是不可能的事，安啦！

「流日」的定宮，是根據流月而來的，它沒有固定的位置，而是依附在流月宮上。如斗君在午宮，流日的第一天（初一）也在午宮，與流月的命宮重疊，初二進一宮在未、初三再進一宮在申…依此類推，一律以順時鐘方向順行。由於命盤只有十二宮，所以初一、十三、二十五這三天，都會在同一流月宮上。不過，流日的吉凶不會一樣，因流日的天干與四化星不同，吉凶悔吝自然也不同。

「流時」的定宮，則以流日的宮位為該日的子時，如子時在巳宮、丑時在午宮、辰時在未宮…也是以順時鐘方向，一時移一宮。

原則上，斗數推命到流年止，大致上已經功德圓滿了，推算到流月的機會已經很勉強了，命理界稱之爲大批流年，若再細推至流日、流時雖然不難，但無此必要性，如果習命者想多印證流日、流時所引動的狀況，未嘗不可，多加研究，總是有益無害。簡單說，談星論命只要抓住大原則方向即可，其餘的枝末細節，不用太在意。所謂：「成大事者，不拘小節」是也。

四、閏月的用法

人類和地球上其他動物的活動，所受最大的影響就是太陽，向太陽便是晝，背太陽便是夜，一晝夜合起來即是一日或一天，易言之，地球自轉一次便是一日。除了白晝與黑夜之外，影響人類和動物生長的還有春夏秋冬四季寒暑的變化，四季一度便是一年，亦即地球繞太陽公轉一次便是一年。

除了太陽之外，天體中尚有一顆月亮，對人類和其他生物亦有很大的影響，但月亮本身不會發光，只能將太陽的光反射到地球上，所以才會有月圓月缺的周期性，中國古曆將這種月圓月缺的周期，視之爲一個月。

日月合朔時，夜空便會出現月缺的現象，稱之爲「朔」，即月亮在太陽和地球中間；滿月稱之爲「望」，即地球在太陽和月亮中間。「月」也可以稱爲朔望月，屬於陰曆系統，閏月亦是月，均指「合朔至合朔」的一周期，一周期大約是二十九日半（二九・五三〇八日），民間所用夏月曆是小月二十九日、大月三十日。所謂合朔，即日月交會的時間，大約在陰曆每月初一前後。

「歲」屬於陽曆系統，是太陽一周天的時間，即地球繞太陽公轉一次，相當於一個「回歸年」，即太陽兩次經過冬至點之間所經歷的時間，約三百六十五日五時四十八分四十六秒（三六五・二四二二日），將時間十二等分，得三十日又十六分之七，乃爲二十四節氣的「中氣」。

依據二十四節氣，將一個回歸年分爲十二分，每一份就是一個月。中國的曆法家，想盡辦法要將朔望月和回歸年，這兩者趨向於一致，於是曆法一再修來修去，目的只爲了希望月球在合朔時於每月初一發生。由於朔望月比中氣略短，因此在中氣不能出現於某個陰曆月時，就以此月爲「閏月」，歷代曆法家就是用這種方法，可使朔望月序和回歸年的季節相符合。

可是，一個朔望月平均只有29.5306日，月大三十日多了0.4694日，月小二十九日少了0.5306日，無論如何總無法與回歸年配合。如此一來，一年十二個月便少了10.875日，十三個月又多了18.6554日，所以才會常見兩次正月初一之間，有十三個朔望月的情況，多出來的一個月便是「閏月」。所以，每三年有一個閏月，每五年有二個閏月，每十九個回歸年有七閏。

至於在命理流行術數之中，也只有紫微斗數使用朔望月，因此也用閏月。那麼遇到閏月該怎麼辦？因古籍對這種「多餘的月令」的問題，未曾有明確的交待，所以總是公說公有理、婆說婆有理，向來爭執很大。台港中斗數界一般對閏月的看法，不外乎下列三種方法：

其一、閏月一律以當月算。

其二、閏月慨依作下月算。

其三、閏月的前十五日生，當作上月看，十六日以後生，當作下月排盤。

《紫微斗數總訣》有一句「不依五星要過節，只論年月日時生」的話，也就是說，紫微斗數排列命盤，只依出生年月和時辰，不像子平八字法，必須依出生日子來推定所屬的節氣，再依節氣來定月份干支。不過，斗數爲了區別與八字的不同，強調純粹是用「數」，所以生月當然採用月數序。

另外一個理由是，「朔望月序必須與回歸年的季節相符合」，也就是說，月序必須與中氣相符合，因爲中氣一定在月中，只有閏月沒有中氣。閏月既然沒有中氣，很明顯的還不能算交入下月，照理說仍屬上月論，這是天文曆法上所訂的規矩，斗數只能蕭規曹隨，不能自創一格。

林註：

(1)、筆者以多年累積的經驗，閏月以當月排盤的準確度確實較高，且認爲第三項問題過於紊亂，因命理時間是無法做切割的。

(2)、閏月還是以當月之干支的四化來論，不過十二地支宮位要進一宮位。

如：一〇九年閏四月，某命造的「斗君」在寅宮，屬正月爲戊寅月，以順時鐘方向推，則二月在卯宮爲己卯月，三月在辰宮爲庚辰月，四月在巳宮爲辛巳月，閏四月則進一宮位（在午宮），但四化星依然使用辛巳月的四化，五月在未宮則爲丙午月，六月在申宮爲癸未月，七月在酉宮爲甲申月……依此類推到十二月，此時十二月己丑流月的命宮，會與斗君在寅宮所屬的正月戊寅重疊，但流月的天干則不同，機遇當然互異。

十六 先天本命與後天行運

十七、多胞胎的命宮安法研究

十七 多胎胞的命宮安法研究

根據衛生福利部國民健康署，台北市民政局二〇一五年三月二十二日統計，台北市雙胞胎出生人數為一千二百一十四人，佔出生率人數的4.2%為全國最高，而連續生二對雙胞胎的機率，更是六萬二千五百分之一，簡直比中樂透還難。二〇一四年九月十五日，高雄縣大寮鄉有位婦女生了一男三女四胞胎。另有一對來自台灣移民美國的夫妻，婚後一個月太太在自然懷孕下，在二〇一〇年十月二十一日在美國醫院，以剖腹生產方式誕生了四胞胎，於二〇一一年返台，這些都已經打破了台灣有始以來雙胞胎的最高記錄。

醫學統計的記載，全世界人類平均大約每九十次自然生產裡，能出現一對雙胞胎的機率，約為1.1%，機率不低，但因自然地域、環境、飲食生活習性、人種特性

（個性不同）差異等因素，其機率可能略高或略低。以歐洲爲例，英國在一九九四年以七十四萬四千八百九十五人的出生樣本爲統計，同卵四胞胎或多胞胎的機率是千分之13.17%。

金氏世界記錄在二〇一六年九月五日的統計，自從人類有記錄以來，最多的多胞胎是十五胞胎，這是一九七一年義大利一位三十五歲婦女，生下十女五男，十五個胎兒，打破金氏世界記錄最多才九個的空前記錄，轟動一時。

從醫學角度觀點來看，「同卵孿生子」，其人生際遇比較相接近，因是同一顆卵子去分化成兩個胚囊，所以幾乎都是同樣性別比較多，懷龍鳳胎的機率小之又小，其出生率大約佔30%；至於「異卵孿生子」，其人生的轉折較有特殊出入，因是兩個卵子同時生長，因此不同性別可能性比較大，生龍鳳胎的機率很高，其出生率大約佔70%。另外，多胞胎是一種特例（亦即異態分配）在其人生旅途中發生的許多現象，往往超乎常例可以掌握的範圍。

雙胞胎多半在相同的時辰(兩小時內)降生，但其個性、行爲，甚至一生的遭遇、成就也不盡相同。至於，國內斗數界對於雙胞胎論命，一直以來大多採用二種方法：一是將「兄弟宮」當做弟弟的命宮；另一是將「遷移宮」當做弟弟的命宮。還有人則以下一個時辰定爲弟弟的命宮，先天的命宮仍歸哥哥所佔有，且哥哥不受胎數的影響。

坊間斗數老師們所敘述，比較符合雙胞胎命理事實的程度，依序不外乎下列三個條件：

其一、用先天兄弟宮的六十納音，另排出一張弟弟的命盤。

其二、用先天的遷移宮，當做弟弟的命宮來看。

其三、用先天遷移宮的六十納音，另排出一張弟弟的命盤。

其中的一、三例子，就是以兄弟宮、遷移宮的宮支五行局數，另排出一張弟弟的命盤，四化星則採用宮干四化是也。

但是也有些老師們主張，先呱呱墜地的，則以「兄弟宮」當命宮；後落地的，仍以「命宮」當命宮。不過，亦有人認爲根本不需要如此麻煩，再另外排一張命盤，正如同時辰出生的人，大家共同使用同一張命盤即可，稱之爲「共盤」，至於雙胞胎的命運吉凶悔吝如何？全端視雙胞胎自己，依各自生活的時間、習性、環境的呼應，來區分其差異性質。

更進一步說，雙胞胎雖然生辰、遺傳、教育相同，但是個別招致的因緣果報，佛家說是「前世業」，基督教說是「原罪」，仍然有所不同，因此在人生旅途上的際遇，也就不可能同時順心如意的。俗語云：「一個人一種命」，又云：「個人造業各人担」。而業力要靠個人的修爲，方可潛移默化改善，這是人生與命理的趨吉避凶方式之一。

林註：根據筆者多年對於雙胞胎的驗證，準確率相當符合事實的有二：

(1)、無論男女命，如果是同性：老大的命盤不變動，老二則退一個時辰，另起一張命盤。

(2)、如果是異性（龍鳳胎）：男先出生，女後出生時，男性照原來的命盤，女性則退二個時辰，另起一張命盤。若女先出生，男後出生時，皆以同一時辰論。（但此方法有些關卡，尚未能突破）

(3)、斗數雙胞胎的討論，已經搞的頭昏腦脹，三胞胎、多胞胎的複雜性更多，故不在此研究範圍，也不可能有所進展。上述推演方式，讀者不仿細心研究一番，或許有新的發現，或更好的方法。

國家圖書館出版品預行編目資料

窺破天機論斗數：紫微斗數進階讀本／林信銘著.
——第一版——臺北市：知青頻道出版；
紅螞蟻圖書發行，2024.1
面　；　公分——(Easy Quick；206)
ISBN 978-986-488-251-9（平裝）

1. CST：紫微斗數

293.11　　112020887

Easy Quick 206
窺破天機論斗數：紫微斗數進階讀本

作　　者／林信銘
發 行 人／賴秀珍
總 編 輯／何南輝
校　　對／周英嬌、林信銘
美術構成／沙海潛行
封面設計／引子設計
出　　版／知青頻道出版有限公司
發　　行／紅螞蟻圖書有限公司
地　　址／台北市內湖區舊宗路二段121巷19號（紅螞蟻資訊大樓）
網　　站／www.e-redant.com
郵撥帳號／1604621-1　紅螞蟻圖書有限公司
電　　話／(02)2795-3656（代表號）
傳　　真／(02)2795-4100
登 記 證／局版北市業字第796號
法律顧問／許晏賓律師
印 刷 廠／卡樂彩色製版印刷有限公司
出版日期／2024年 1 月　第一版第一刷

定價 300 元　港幣 100 元

ISBN　978-986-488-251-9　　Printed in Taiwan